Adolescencia:
DESAFÍO EN LAS REDES

Carlos Padilla · Pablo Mier y Terán

Adolescencia:
DESAFÍO EN LAS REDES

Herramientas para educar y formar
a nuestros hijos adolescentes

PANORAMA
superación

Respete el derecho de autor.
No fotocopie esta obra.

Adolescencia: desafío en las redes
Herramientas para formar a nuestros hijos adolescentes

Primera edición: Producciones Sin Sentido Común, 2016

D. R. © 2016, Producciones Sin Sentido Común, S. A. de C.V.
       Avenida Revolución 1181, piso 7,
       colonia Merced Gómez,
       03930, Ciudad de México

Teléfono: 55 54 70 30
e-mail: ventas@panoramaed.com.mx
www.panoramaed.com.mx

Texto © Carlos Padilla • Pablo Mier y Terán
Fotografía portada © MSSA, usada para la licencia de Shutterstock.com

ISBN: 978-607-8469-13-0

Impreso en México

A esos valientes,
a esos enamorados,
a esos educadores
que no han evadido el reto
de educar adolescentes y a
quienes les han dado la vida

Índice

Introducción

¡Auxilio!, mi hij@ creció

… Y cuando se bajó del auto, rechazó mi beso de despedida. Estoy de acuerdo, era su primera fiesta, pero aún sigo siendo su madre. Cuando llegué a recogerlo, no quiso contarme nada. Se clavó en su celular y no paraba de *textear*. A la mañana siguiente, me gritó en la cocina que yo no entendía nada y que a ver si ya lo dejaba en paz. "¡Ésta no es una casa sino una prisión!", me dijo. Para colmo, a mi hija de 13 tampoco se le puede decir nada. Es imposible interpretala: un día llora, el otro ríe; un día dice que me quiere y al otro que su papá y yo somos lo peor que le ha pasado en la vida. No hay forma de despegarla del teléfono y hacer que conviva un poco.

Nada de qué alarmarse… Esto sucede hasta en las mejores familias. ¡Auxilio!, tu hijo creció y muchos ámbitos de su vida se te escapan; cada vez te parece más incomprensible y enigmático.

Recuerdo el día en que esa chica no dejaba de sollozar. Cuando la maestra le preguntó por qué lloraba, le respondió: "Es que no capta… no lo sé…". Así es el adolescente: un misterio hasta para sí mismo.

No hay un punto claro, matemático o anatómico, que pueda indicar con exactitud el inicio de esta etapa. Padres y maestros podrían narrarnos que para ellos la adolescencia de Luisa comenzó cuando se llevó a la plaza una bolsa más grande de lo común y se cambió de atuendo en el baño del cine. Literalmente, entró niña y salió adolescente de aquel tocador. Cuando sus papás se enteraron, ella se limitó a contestar: "Es tu culpa por no dejarme crecer".

El primer cigarrillo de Miguel anunció el cambio a sus padres, pero quizá nunca hubieran imaginado el negocio tan vigoroso que había emprendido este enano de 12 años. Comenzó vendiendo cigarros sueltos, luego cajetillas. De ahí saltó a la renta y venta de cigarros eléctricos. Comercializó los sabores, los filtros, y, tras tener una red amplia de compradores, este *joven empresario* cambió de rubro y empezó a vender tareas y trabajos escolares. El día que lo cacharon parecía que había caído un *capo de la mafia*. El inocente Miguel había crecido y prometía un futuro exitoso… No se sabe aún si por medios buenos o malos.

El día que entré a un salón de secundaria, un muchacho gritó "¡zoológico!", y de repente comenzaron a escucharse mugidos, ladridos, maullidos; de monos, orangutanes, urracas y el resto de las bestias, que nos anunciaban ruidosamente que ya todos eran ¡adolescentes!

Para saber si tienes un adolescente en casa, quizá te venga bien preguntarte si aún tienes el control de lo que sucede y lo que les pasa, o si, más bien, ya las motivaciones, castigos y dinámicas que habías establecido para educarlo no te sirven más. Si crees que has perdido la cercanía ganada en su niñez, si te das cuenta de que ya no conectas con su mundo o si conscientemente te rechaza y está cada vez más enconchado en sus cosas, entonces prende el foco de auxilio y pide ayuda, porque tu hijo creció y ¡es un adolescente!

Este libro no busca ser un tratado de psicología o un manual de antropología evolutiva, pero no por ello deja de ser útil. Al sumergirnos en las bibliotecas o librerías, encontramos muchos libros escritos sobre el tema, pero pocos tienen un lenguaje actual y digerible para la madre que tiene el problema en casa y el papá que tiene el desafío de educar un adolescente en esta era.

Las redes sociales efectivamente han cambiado el paradigma educativo y han transformado portentosamente la cultura; en esta nueva era virtual se hacen necesarios nuevos consejos *ad hoc* para formar adolescentes de estos tiempos.

Este libro surge de los años que los dos autores hemos pasado a lado de jóvenes y sus padres. Hemos visto de todo y queremos compartirlo. Hay muchos parámetros que se repiten. Vale la pena apuntar reglas generales que sirven hoy y siempre. Además, queremos descubrir con atino el mundo de los muchachos, analizarlo en profundidad y dar pistas a los padres de familia y formadores para que sepan encauzar su energía y conectar con ellos.

El mundo del adolescente ha cambiado demasiado; las redes sociales, las adicciones y la liberación sexual han agudizado muchos de sus problemas. Por eso, hemos optado por actualizar el libro *Adolescencia: alto riesgo*, que vendió 50 mil copias en varias ediciones. Asimismo, hemos decidido cambiar el título, pues, si bien es cierto que la adolescencia tiene riesgos, también es verdad que ésta no se debe afrontar con miedo, sino más bien como un desafío: la aventura de acompañar y educar en esta hermosa y apasionante etapa.

Uno de los autores conoce en carne propia lo que pasa en casa, pues es un padre de familia de tres adolescentes y de otro que está por serlo. El segundo autor es un sacerdote que ha dedicado su vida a acompañar a los muchachos, guiar a los padres de familia y brindar más de 200 conferencias sobre el tema. Por tanto, este libro tiene una visión práctica, experiencial, espiritual y actualizada sobre el joven y su mundo.

Afrontar o abandonar

Ante la situación de tener en casa un adolescente se nos presenta una encrucijada difícil de resolver. Para ser sinceros, el reto de formar un adolescente no es tarea fácil y está latente la opción de abandonar el desafío en vez de afrontarlo. Siempre es más fácil ser livianos que exigentes; es decir, es más cómodo ser permisivos, actuar como los amigotes de los hijos y hacerse de la vista gorda. Como padres, tendemos a evitar los conflictos, sobre todo si el grado de explosividad de mi hijo o hija es alto. Antes ellos temían nuestros enfados; ahora tememos los de ellos.

Es bueno conocer nuestro corazón de padres y aceptar que el vínculo y el cariño que nos une con nuestros hijos es tal que pensar en perder su cariño es para nosotros morir en vida. "Yo quiero que mi hijo tenga todo lo que yo no tuve", "que a mi hijo no le falte nada, para eso trabajo", "tú no te dejes mijo…", todas son frases tan reales como engañosas. A un hijo no se le puede dar todo, ya que con ello se le regala un viaje todo pagado a la tierra de la inutilidad. Ahorrarle la frustración, el empeño, el sacrificio, la crudeza de la vida, haciendo que viva entre algodones, es uno de los mayores males perpetrados a un ser humano.

La cultura de hoy nos hace elegir todo lo *soft*, todo lo descafeinado, todo lo *light,* y consumimos con ello aire y no sustancia. Nuestros hijos no aprenden de este modo a ganarse la vida, a sobreponerse, a levantarse de las caídas, a seguir tocando puertas y no rendirse.

Todos quisiéramos que nuestros hijos tuviesen la fortaleza y sabiduría para decir que no a muchas cosas; que supieran decir no a la droga, a los vicios, a la mediocridad, a las relaciones enfermizas, a la corrupción, a la trampa, a las malas amistades. Pero nunca sabrán decir que no si antes tú no se lo has pronunciado varias veces. Si les concedes todo, les compras todo, les permites todo, les regañas poco y no les incitas al sacrificio, les estás haciendo un daño.

Por tanto, al empezar a leer este libro, toma también la decisión de afrontar el mundo real de tu hijo, del chico o la chica que tienes enfrente, no el ideal, no el de tus sueños, no el que tú quisieras, sino el que come todos los días en tu cocina, con su carácter, su psicología, sus sueños y sus modas. Cuanto más concretamente lo definas, más certeramente lo podrás formar.

Abandonarlo es no salir al encuentro de alguien que pide a gritos (silenciosos) una guía, una roca donde pararse. Es curioso pero los adolescentes, con sus rechazos y sus silencios, manifiestan sutilmente cuánto nos necesitan; sin embargo, nos urge ser más asertivos para captarlo.

Dejarles crecer no es sinónimo de desinteresarse por sus decisiones, sus problemas y sus ilusiones; eso es abandono, dejarlos a la deriva en medio de la tempestad. En cambio, afrontar la educación de un adolescente es comprender su mundo desde dentro y entender sus mecanismos internos. No se trata sólo de saber cómo y ante qué reacciona, sino el porqué de tal comportamiento, desde sus raíces más profundas. En este libro queremos hacer ese recorrido, partiendo del mundo externo del adolescente al más profundo, además de darles micrófono para que ellos nos digan qué piensan de esta etapa de su vida y de nosotros como formadores.

Que empiece, pues, la aventura de conocer al adolescente y de formarte como auténtico guía. La adolescencia es un desafío de crecer en la era del *social network*, del despertar de la sexualidad, los ligues, las fiestas, el alcohol, las drogas, las modas y la música a todo volumen.

El mundo
del adolescente

Al pisar la tierra de la adolescencia en esta era de las redes sociales, nos adentramos en un mundo complejo, lleno de desafíos, riesgos, sutilezas y emociones. Deseamos compartir en estos capítulos lo que es un adolescente. Para ello, partiremos de su envoltura, para llegar a conocer hasta su interior. Pero antes de transmitir nuestras ideas y experiencias, presentamos algunas definiciones de distintos autores sobre el adolescente, además de algunas redactadas por los jóvenes mismos.

Definiciones:

- La adolescencia ha sido hasta hace poco la Cenicienta de las etapas de la vida, la desgraciada Polonia situada entre dos países poderosos... No es una infancia que se angosta ni un mero embrión de edad adulta, sino una etapa con ser y valor plenos [...] No es una fase más de la existencia, sino una realidad total y compleja, la adolescencia es todo un mundo.[1]

[1] Maurice Debesse, *La adolescencia*, Barcelona, Oiokos-Tau, 1977.

15

- Es la etapa de transición de la vida de un niño a la vida de adulto. Se caracteriza por cambios físicos significativos que culminan en la madurez sexual. En algunas culturas, es muy breve o no existe; en otras va más allá de los límites de los cambios de la pubertad.[2]
- Adolescencia es cuando de pronto un niño comienza a decir que no y cambia la casa por la calle y a los papás por los amigos (Padres de familia).
- Adolescencia es cuando un niño estudioso deja de serlo; le importaba mucho ser el número uno en el salón y ahora le importa sólo su celular (Profesores).

Ahora cedemos el micrófono a los jóvenes: ¿para ellos qué es ser adolescentes?

- "Adolescencia es la edad en que los padres se nos ponen imposibles; prohíben todo y no comprenden nada. De pronto son tus peores enemigos."
- "Para mí la adolescencia es cuando me han empezado a salir algunos barros."
- "Para mí empezó cuando mis papás me mandaban a hacer algo que me daba flojera y les decía que no lo iba a hacer. A veces aún los mando a volar directamente, otras lo acabo haciendo a fuerzas y de mala gana."
- "Es el momento de pensar en el sexo opuesto."
- "Es querer amar y no saber cómo."

[2] Terry Faw, *Psicologia do desenvolvimento: infância e adolescência*, São Paulo, Makron, 1981.

- "Es cuando me preguntan algo y pierdo la paciencia porque me lo preguntan cinco o seis veces y en tono de regaño."
- "La adolescencia se ha manifestado en mi carácter: cambio de humor varias veces al día y me choca que me pregunten el porqué."
- "En los cambios físicos."
- "En la forma de trabajar… ahora de plano no hago nada, ja, ja."
- "Ahora me es más difícil vencer las tentaciones."
- "Es sentirme dividido en librar una lucha entre mi alma y mi cuerpo."
- "En pensar las cosas antes de hacerlas, aunque casi nunca lo logro."
- "Me he apartado de Dios."
- "Soy más ocioso."
- "En elegir a mis mejores amigos."
- "Bueno se me ha manifestado la adolescencia así: me ha crecido el pelo en mis piernas. He llegado a pensar que mis piernas son como de un lobo. Viendo una foto de sexto y viéndome al espejo, creo que ya soy totalmente otro."
- "Odio que mi mamá hable de mis cosas en público o me presuma con las vecinas."
- "Me enojo con frecuencia, sobre todo cuando tocan o revisan mis cosas."
- "Me gusta soñar despierto y me molesta que me interrumpan."
- "La neta me he vuelto súper flojo y ya sólo quiero jugar con mi tableta."

- "Me he vuelto más *piky*, tipo, me enojo de cualquier cosita, pero obvio tengo razón. Todos la traen contra mí."
- "Me gusta pensar mucho en el futuro y medio divago a lo loco."
- "Me molesta la escuela."
- "Yo choco mucho con mis papás porque ellos me regañan por cualquier tontería y la neta ya no los aguanto."
- "Con las maestras a veces estoy a punto de estallar."
- "Siento que no me comprenden ni mis papás ni los profes. Es como si vivieran en su época y en su propio planeta."
- "Ahora lloro por cualquier idiotez; no sé por qué, pero siempre me pasa eso."
- "De cambios físicos, muy pocos; no sé si ya me desarrollé toda o no, pero siento que mis papás aún me ven como una niña... Qué ansia."
- "Con mis amigas me llevo súper, porque nos entendemos (no vivimos en otra época como los papás y las maestras)."
- "Me encantan los niños, sobre todo los que tienen 13, 14 y 15 años. Ahorita sueño con tener novio, pero mi mamá dice que no."
- "Siempre que voy a plazas o a fiestas me la paso viendo a los niños. Algunos realmente me fascinan, me vuelven loca."
- "La otra vez me puse mis *leggins* y una blusa equis, y mi papá *intenseando* para que me la cambiara.

O sea, ¿qué le pasa? Ya no estamos en su época de las cavernas."

- "En fin, sueño con tener novio y que me manden rosas, y yo no sé, todo eso… Me encanta soñar así. ¡Ah!, y que me hablen por teléfono, me manden mensajes, me den *likes* o que me vengan a buscar al colegio."
- "Me choca que los niños de 13, 14 y 15 años, siguen siendo unos niños."
- "Mi forma de pensar ya no es la misma. Ahora ya nadie me entiende."
- "Ahora es muy fácil que me hagan sentir mal."
- "Me he empezado a rebelar con todo mundo. Odio que me digan cómo tengo que actuar o cómo debo pensar. Ellos tienen la culpa de que esté así."
- "Ahora me importa más el qué dirán: cuido todo lo que subo a las redes, a la hora que lo subo y hasta los *hashtags* que pongo en cada foto."

Seguramente identificaste la voz de tus hijos en estas líneas. Todas esas frases las hemos escuchado repetidas veces en las aulas y los hogares donde hay adolescentes, pero para entenderlos no basta ser un experto en las definiciones teóricas, también hay que hay que ponernos sus *jeans* para entender su mundo; si no lo intentamos, poco podremos hacer por ellos. Por eso nos sumergiremos en su fascinante mundo a continuación.

La envoltura del adolescente:
moda, físico, música y vocabulario

Para los adolescentes, verse atractivos es una cuestión vital. En arreglarse se les va la vida, pues ésa es su tarjeta de presentación y su documento de entrada a las *bolitas*, a sus grupos y clanes. *La ropa arropa*. Y la moda, para ellos, no es la que les acomoda, sino la que les abre las puertas correctas.

Es normal que con su vestimenta busquen provocar. Ese es otro instrumento de autoafirmación. El adolescente se sitúa con la moda en un grupo determinado y confirma así su identidad. Están los *darks*, los *punks*, los fresas, los *cool* o *popus*, los *nerds*, los *geeks* y un sin fin de grupos variopintos. Para identificarse usa varios códigos, uno de ellos es la vestimenta.

A esto se suma la rebeldía frente a sus padres: "que deben enterarse de que ya no me pueden escoger la ropa ellos, no soy su niñita". Levantar esta bandera de sublevación y rebeldía hace que los adolescentes se sientan seguros en el paso que acaban de dar: abandonar la niñez y sus dinámicas.

La moda los empuja cada vez más a tener un físico perfecto y un cuerpo imposible. Las niñas sufren más esta condición cultural, y, por ello, la cuestión de su peso y del desarrollo de sus formas les provoca angustia y frustración.

Como situación límite, esto puede desembocar en bulimia o anorexia, así como en un aislamiento acentuado que termina por desencadenar problemas psicológicos muy graves. Esto se evita brindando cariño y autoafirmación desde casa, aceptándolos tal y como son. Estos desajustes nutricionales son expresiones de un desequilibrio psicológico que en casi todos los casos hay que tratar profesionalmente.

La competencia que se genera entre las niñas reduce cada vez más los centímetros de tela en los atuendos. Los modelos televisivos y musicales promueven una moda más atrevida y un aceleramiento en la vivencia de las experiencias. La aceptación social de las chicas está en juego y se sacrifican vistiendo de modo terriblemente provocativo, lo cual les genera un inconsciente sentido de culpabilidad, que es aún más peligroso que el resfriado que les puede provocar su escote.

Para los chicos el ir al *gym*, tonificarse y hasta hacer dietas hace que aumente en ellos una aparente seguridad y un sentido fuerte de hombría. En esta época, los chicos están más preocupados que nunca por parecer muy atractivos y se ha desarrollado una fuerte campaña para cuidar cada uno de sus aspectos, al grado de generar un nuevo concepto entre ellos: *metrosexual*.

Tanto para chicos como para chicas hay una presión social real en este campo y ambos sienten la carga del *nunca es suficiente*: nunca es suficiente el volumen de sus bíceps, la angostura de su cintura, la perfección de su cutis y la desaparición de su gran enemigo el acné. Un largo etcétera aumenta al infinito su frustración y culpabilidad por no ser suficientemente vista o popular.

El sello que marca también su identidad es la música que escuchan. Ésta brinda al adolescente elementos que lo consuelan y al mismo tiempo lo distraen de su realidad. Gracias a ella le grita al mundo cómo piensa y aquello en lo que cree. Ella acompaña su soledad y le explica sus situaciones de euforia, desamor y rebeldía. La música es un río que le da cauce a los múltiples sentimientos que los jóvenes están experimentando en esta edad; por eso, sería muy bueno enseñarles a que no se aíslen en ella y no escondan sus sentimientos detrás de una *playlist*. Es más sano que manifiesten, a viva voz, aquello que están pasando. Para ello necesitarán espacios amplios de expresión, tema que platicaremos en el capítulo sobre la comunicación.

Otro consejo en la misma línea sería evitar que la ropa y el físico sean un escudo que cubra su interioridad y les sirva como una falsa careta que impida a los demás (y a ellos mismos) conocerse desde dentro.

También hay que ayudar a los chicos a presentarse exteriormente desde lo que son realmente. Esta cultura está volcada en la imagen, en la apariencia, la marca y los elementos que un vestido, el físico y la música promueven. Sin embargo, debemos ayudarles a descubrir la profundidad de su interioridad, a mostrarles el valor que surge desde dentro, para que escapen del consumismo y de la famosa cultura del descarte, donde vales según lo que tienes o lo que haces, y no por lo que eres.

Un consejo más práctico iría por el canal de la libertad y el acompañamiento. Es momento de dejarles escoger su ropa, música y actividades para cuidar su físico, pero, al mismo tiempo es importante acompañar el ejercicio de esa libertad y mantener la vigilancia y la autoridad para evitar que usen, escuchen o hagan algo que objetivamente les hará daño o les provocará una trastorno en su personalidad.

Con el vocabulario expresamos nuestra visión sobre el mundo, la propia filosofía de vida y una opinión inconsciente sobre lo que nos rodea, así como la posición que tomamos ante ese entorno.

El vocabulario del adolescente en general es agresivo, crudo, radical y absoluto. Es normal escucharle aseveraciones como: "nadie me comprende", "todo apesta", "la amo como a nada en el mundo", "es lo mejor que jamás me va a pasar", "siempre haces lo mismo, ¡siempre!". Las palabras absolutas, como *siempre*, *nunca*, *todo*, *nada*, *nadie*, *todos*, deben ser tomadas con cautela. La pasión del adolescente y el torbellino de su interior lo impulsan a dirigirse así en las situaciones que le desesperan o apasionan. Por nuestra parte, es necesario relativizar sus palabras y entender que detrás hay un cegado impulso bastante subjetivo.

No son pocos los papás que han escuchado desde el cuarto de sus hijos ese terrible grito lastimero: "¡Los odio! ¡Ustedes son los culpables de todo!", o "Mejor no hubiera nacido". Éstas son expresiones con una carga emotiva que nos lastima profundamente, pero que no deben ser tomadas al pie de la letra.

Detrás del lenguaje tosco del adolescente se esconden sentimientos profundos de culpa, inseguridad, rencor, falta de comprensión o aceptación de sí mismo, y hasta muchas peticiones de rescate. No es la tarea de este capítulo analizar aún esto; nos basta decir que debemos interpretar su vocabulario desde su perspectiva y no la nuestra, pesando las palabras con su medida.

El vocabulario de los jóvenes ha evolucionado tremendamente y es otro código de inserción en el grupo. Nosotros como autores y conferencistas nos damos cuenta de que, al usar algunas palabras, que llamaríamos *password,* entramos, efectivamente, en su mundo y establecemos una comunicación más efectiva con ellos.

En el capítulo sobre la comunicación volveremos sobre este punto ya que la disparidad de lenguaje con nuestros chicos abre un abismo entre tu realidad y la suya.

Siempre el lenguaje *soez* ha sido una característica del mundo adolescente. Pero ahora, muy tristemente, atestiguamos cómo las groserías han invadido el mundo de las niñas, y esto ha dinamitado columnas fundamentales en el edificio de la sociedad. La niña por naturaleza necesita más aprobación que el chico y es más sensible a la afirmación que él tiene de ella. Al insertarse en el mundo varonil y al estar en crisis su identidad y dignidad, la mujer convive en paridad de género, por lo que en su comportamiento iguala sus costumbres con las del hombre. La niña que dice groserías abre la puerta a ser tratada de modo brusco, y no con delicadeza y ternura, con todas las consecuencias que esto tiene.

Como formadores de mujeres, es muy recomendable advertirles esta situación, y como instructores de hombres, cabe recomendarles elevar su dignidad al dirigirse a ellas. Hay que buscar ser un príncipe para despertar en ellas esa princesa escondida.

Les dejamos un consejo muy sencillo: el ejemplo y la corrección. Si el chico escucha demasiadas groserías en casa, definitivamente desistirá de hablar con propiedad. Algunos papás de adolescentes usan ese lenguaje para acercarse a ellos. Recomendamos que no se abuse del recurso, ya que, si bien en algunos casos puede remarcar una idea, en la mayoría desvanece tu identidad de padre o madre. Si ordinariamente llamamos o, peor aún, nos dejamos llamar por los hijos de modo peyorativo, entonces desaparecerá la imagen de autoridad y de modelo inspirador.

Al vivir entre adolescentes, escuchar leperadas es el pan de cada día. Cuando nos preguntan si está bien o mal, uno suele responder que "ni de chiste las debemos usar para ofender o humillar a alguien y que, si se han metido en el vocabulario ordinario, más nos vale empezar una *dieta*, pues con esa boca sería vergonzoso acudir a la cena de gala con los suegros…".

El vocabulario forma desde fuera hacia dentro y muestra la riqueza del interior. Cuando a un chico se le recuerda continuamente que debe decir *gracias*, se le está fomentando una actitud de gratitud. Un joven al que se le corrige cuando no dice *por favor*, ulteriormente comprenderá el don, el respeto, y se situará con realismo en un mundo que no está rendido a sus pies.

El vocabulario es pues, un gran medio de formación para nuestros adolescentes y tendremos que inspirarles a mejorarlo para que sepan plantearse ante un mundo en que la imagen y la expresión son el boleto de entrada a muchas puertas del éxito.

El campo de juego del adolescente: las fiestas, el colegio y el deporte

Para un adolescente, la vida dura apenas dos minutos, y la fiesta del próximo viernes será "la fiesta del siglo, la imperdible, irrepetible y magnánima; todos irán, faltar no es una opción…". El problema es que para la del siguiente sábado te dirá lo mismo. El adolescente se expresa con absolutos y exageraciones, pues su pasión por vivir lo más rápido posible lo llevan a plantear la vida de este modo.

No hay que irse con la finta: en las fiestas el adolescente no sólo busca alcoholizarse y divertirse sin freno. Su búsqueda es más profunda. En las fiestas, el chico y la chica encuentran un sitio donde:

- Pueden actuar sin la vigilancia de sus padres y profesores.
- Se dan a conocer y conocen nuevas personas, amigos, ligues y prospectos.
- Encuentran un espacio libre de reglas y comportamientos programados.
- Pueden autoafirmarse y ganar seguridad personal por los ligues que logren, la gente que conozcan, las miradas que levanten con su *outfit* o sus pasos en la pista; pueden afirmarse también por el alcohol que ingieran y las aventuras que vivan.
- Se divierten a lado de sus amigos y amigas: no importa tanto el lugar, lo importante es quiénes van.

26

Éstos son los grandes atractivos que tiene la fiesta para un adolescente. Hay fiestas de todo tipo. Hay simples reuniones, *reus*, de convivencia casual; está el *pre* o *precopeo,* que antecede la fiesta y que puede ser en un antro, en un salón o en la casa de un amigo. El chiste es alargar lo más posible la celebración; por ello, también existe el *after* e incluso el *after* del *after,* que, como su nombre lo dice, viene después de la fiesta, hacia las últimas horas de la madrugada. El punto es, como ellos dicen, poder seguirla.

En las fiestas cada elemento es vital para los chavos: el peinado, la loción y el perfume elegidos; con quién llegar, con quién y a qué hora irse, con qué bolita estar, si va a ir la niña o el niño que les gusta, la ex o el ex, si van a estar los papás, quién va a ser el *dj*, si va a haber alcohol o hay que llevarlo de contrabando, etcétera.

El ingrediente que detona el ambiente en una fiesta es el alcohol y, por tanto, es uno de los riesgos más latentes a los cuales se exponen los adolescentes. La corta experiencia en su consumo, la nula vigilancia y la poca reflexión personal hacen que beber sea para ellos un verdadero peligro. Con el alcohol, vienen las ideas más absurdas, se despierta el valiente-tonto que llevan dentro o la audaz y provocativa niña que estaba escondida, y cada una de las más bajas pasiones salen a flote.

En las fiestas, los chavos y chavas corren el riesgo de conocer gente extraña y mal intencionada, jóvenes más grandes que se quieren aprovechar de ellos en todos los sentidos, y desgraciadamente cada vez están más cercanos los vendedores de droga o *dealers,* así como las personas que hacen propuestas indecorosas o que adulteran bebidas para entorpecer a su víctima.

Como se puede ver hay riesgos de todo tipo y no se trata de que el miedo nos paralice ni de mantener encerrados y bajo llave a nuestros hijos hasta el día de su boda. Lo más sensato es buscar los mejores medios para proteger mejor a los jóvenes.

En consecuencia, es vital mantener comunicación constante (aunque no de modo exagerado), saber dónde se encuentran, la situación de la fiesta y algún cambio de plan que se dé sobre la marcha. También es importante esperarlos para ver cómo llegaron y, al menos en las primeras edades, preferir que duerman en casa salvo alguna excepción.

Es muy recomendable también tener una idea de quiénes son los amigos y amigas de nuestros hijos, generar el diálogo sobre ellos y ulteriormente conocer a sus respectivos papás. Es importante estar en la misma página con ellos sobre los temas fundamentales para transmitir los mismos valores.

Por último, quisiéramos brindar un consejo más: enseñemos a nuestros hijos a equilibrar su vida y poner un poco de cada cosa en ella, como los ingredientes de un pastel. Evitemos que toda su vida sea la fiesta o la parte social. Es importante que hagan deporte e inviertan en el colegio, la lectura, la vida familiar, la espiritualidad y el voluntariado, como elementos irrenunciables en su vida, y que los sepan combinar sin absolutizar ninguno. La vida florece siempre y cuando haya trabajo, esfuerzo y renuncia. La fiesta quiere celebrar eso y hacernos descansar. Si en la vida de tu hijo o hija no hay estas tres realidades, entonces no tiene nada qué festejar.

Por otro lado, pocos contextos los alistarán tanto para la vida real como el colegio. Ahí se preparan no sólo intelectualmente, sino que también afrontan la vida de adultos. En el colegio, los chicos generan lazos muy sólidos con los amigos, pero también aprenden a sortear las dificultades propias de una materia y a solucionar los conflictos que suelen surgir en un aula de clase o con un profesor.

Simplemente quisiéramos apuntar algo que repetiremos más adelante: es mejor no ahorrarles la frustración a los chicos, porque es la que más los forma y en el colegio habrá mucha. Los dos autores hemos trabajado muchos años en colegios y ahí hemos comprobado una y otra vez que los chicos más completos y en el futuro más exitosos no siempre son los de 10 (ni los de 11, como diría alguno). Los que triunfan son, más bien, los que saben superarse, luchar, sortear las dificultades, perseverar, ser constantes y tener la habilidad de generar una buena red de contactos sumada a su cultura, inteligencia y habilidad de expresión.

Aconsejamos ver más allá de la calificación del adolescente y buscar evaluar también otros aspectos, como su empatía con los compañeros, su respeto a los profesores y autoridades, su responsabilidad y trabajo en el colegio. Es importante establecer retos con ellos y pedir resultados a corto plazo, y no hasta el final de mes. También es vital percibir las materias donde hay más habilidades y potenciar esas cualidades, reforzándolas con intereses sanos y productivos.

La escuela para los chicos es una obligación irrenunciable y su responsabilidad básica; estemos presentes y atentos a su desempeño global.

Finalmente, sólo queremos dejar un apunte sobre el deporte. Es éste un gran medio para probar sus límites, desfogar la hormona, invertir su pasión, ganar autoestima, descubrir talentos y ponerlos al servicio del conjunto, derrotar su pereza, además de gestionar la competitividad, la frustración y la sociabilización. El deporte es un gran amigo en la adolescencia. Las actividades en conjunto fomentan una empatía peculiar en ellos, mientras que el deporte individual forja la capacidad para estar solo y convivir con los propios miedos, generando el deseo genuino de triunfar.

No dejemos de invertir tiempo y esfuerzo en el deporte organizado de nuestros chicos, porque ahí se esconde una gran fuente de crecimiento personal. Como recomendación, les dejamos el libro *12 en la cancha*, del padre Carlos Padilla, donde se trata ampliamente este tema.

El mundo de las relaciones: amistad, ligue y sexualidad

El adolescente necesita compartir lo que le ocurre y tratar de entenderse a sí mismo por medio de los pares, es decir, con gente igual a él, esos que están pasando por lo mismo y que no le juzgarán o corregirán. Para él, la amistad es un auténtico tesoro a custodiar y la considera un lugar seguro donde puede ser él mismo (aunque aún no sepa quién es exactamente).

No hace falta describir el funcionamiento de una amistad, porque todos la hemos vivido; quizá la peculiaridad propia de la amistad adolescente radica en la intensidad y la poderosa influencia que ejercen las partes. A esta edad, la amistad configura a los chicos mucho más que en otro momento, ya que la personalidad está aún en construcción y, por ello, son más vulnerables y sensibles a una buena o mala influencia. El amigo se convierte con facilidad en un refugio, en un confidente, en el apoyo absoluto y en la regla de comportamiento. Se genera así una codependencia que no siempre es sana.

Como formadores, se desaconseja prohibir amistades a los adolescentes, a menos que estemos seguros de que tal o cual relación conlleva un peligro objetivo. Lo que sí podemos hacer es dosificar el grado de influencia que los amigos o amigas tienen sobre ellos, hacerles ver la necesidad de que sus decisiones cada vez sean más independientes y más propias, más autónomas.

Otro campo de acción es comprender el significado que tiene la fidelidad a la amistad, y es que es fácil que a esta edad, en nombre de la amistad, se hagan cosas por la obligación de quedar bien con el amigo o que se solapen errores, se comporten o hablen como te lo indican, y esa no es fidelidad sino manipulación y ausencia de libertad.

Educar para la independencia y autonomía es equilibrar la ayuda que brindan las amistades y la libertad que da tomar determinaciones en solitario. Los amigos ayudan a encontrar el propio *yo*, pero hay una brecha en el camino que invita a caminar solo y ser el protagonista de la propia historia. Esa vereda es por la que hay que enseñarles a transitar.

En las relaciones entre pares es normal que se dé el caso del *bullying* o acoso escolar. Mucho se sufre cuando uno de nuestros chicos es víctima del abuso físico o psicológico por parte de alguien que aprovecha alguno de sus puntos vulnerables para dejarlo en ridículo, manipularlo o simplemente aprovecharse de él.

Para ayudar a un chico *buleado*, proponemos la triple estrategia: comunicación, acompañamiento y encare. Por vergüenza, muchos adolescentes no comunican la cruz que llevan a cuestas a sus padres o formadores. Si se sospecha de un caso de este género, es vital tener una comunicación continua con él o ella para poder iniciar un acompañamiento del caso. Es importante manifestar con palabras y hechos cuán cerca se quiere estar en situaciones así, ayudarles a analizar la situación, desenmascarar los miedos que pueden estar oprimiéndolos y aligerar la magnitud del problema, que continuamente nubla y paraliza a las víctimas.

Precisamente éste es el punto neurálgico en un caso de *bullying*: escapar del rol de víctima. Primero, no le podemos llamar *bullying* a toda presión escolar o relacional. Tampoco podemos conformarnos con ofrecerle escucha y cariño a nuestros chicos, ni debemos correr a resolverles el problema hablando con la madre del victimario, con la dirección de la escuela o mandando golpeadores que terminen con la situación. Ante todo, tenemos que ayudar a nuestros hijos a encarar los problemas y plantarse frente al mal con energía.

Sin duda, muchas veces nosotros tendremos que actuar, pero jamás para suplir el tercer paso para ayudar a los nuestros a enfrentar sus propias dificultades, lo cual les hará crecer mucho ante las dificultades de su vida futura.

En caso de tener al *buleador* en casa, la dinámica no dista demasiado. Pero el problema sí es más profundo. Normalmente el acosador adolescente actúa agresivamente, a nivel físico o psicológico, por su propia inseguridad y ausencia de aceptación. El acosador proyecta sus frustraciones en el otro y ofende lo que en realidad no le gusta de él mismo o lo que teme le pase. Por ejemplo, alguien que molesta a otro diciéndole: "Pobretón, roto" está manifestando su pavor a que descubran que él no tiene tantos bienes como aparenta o tiene mucho miedo de que su familia pierda lo que ahora tiene y de quedar en ridículo. Quien molesta diciéndole al otro: "gord@ espantos@" está en realidad comunicando que la única seguridad propia es su físico y que teme que le descubran sus huecos afectivos, psicológicos y emocionales. Si se encuentra en esta situación, se recomienda ayudar a sanar esas heridas que el adolescente está proyectando violentamente sobre los otros.

Por otro lado, otra relación nueva que experimentan los adolescentes es la del ligue o tiernos noviazgos;

ésta se asocia con entender la sexualidad y el rol propio frente al otro sexo. El chico se afirma en su virilidad frente a la chica y ella en su feminidad ante él. Es un proceso natural que no hay que acelerar ni obstaculizar, sino más bien objetivar, evitando su idealización o demonización.

En los ligues o noviazgos adolescentes se conjuntan dos realidades: las hormonas y el enamoramiento. Hay un despertar hormonal de inclinación y atractivo por el otro sexo. En las mujeres suele darse antes que en los hombres y se desarrolla de modo muy distinto.

La mujer queda encantada por la personalidad recia, segura y autónoma del varón expresada también en su cuerpo. El hombre, en un inicio, es hipnotizado por las formas que encuentra en la mujer y el atractivo que ejerce ese mundo nuevo de ternura y comprensión.

El famoso ligue en la adolescencia puede culminar siendo un deporte y un mero reto para la hombría de unos y para la coquetería de otras. Por ello, es clave garantizar que en este proceso las personas sean tratadas como tales y no como objetos, trofeos de guerra o medallas de cacería. Los adolescentes deben entender que su corazón es la joya más preciosa que poseen y por eso no se juega con el propio corazón o con el de otro. Utilizar a una persona para la propia satisfacción sentimental o placer no es un camino de felicidad para ninguna de las dos partes, ya que nuestro corazón tiene sed de amar y ser amado, no de utilizar y ser utilizado. Ahí no hay plenitud.

Continuamente se nos pregunta cuál es la edad ideal para tener novi@ y si es conveniente darle permiso a un adolescente para que ande con alguien. Nadie puede dar lo que no tiene y no se puede pretender que un chico o chica posea la madurez necesaria para dar cariño, protección y solidez a una pareja, cuando él aún no los posee.

Antes de los 16 años, es difícil aconsejar una relación de noviazgo por la volatilidad de sentimientos y la inestabilidad propia de este periodo. Por otro lado, antes de prohibir y negar rotundamente cualquier relación a nuestros hijos, debemos reflexionar con ellos, acompañar su decisión, escucharlos y guiarlos hacia decisiones maduras que protejan el corazón del otro y el propio.

Unido a todo esto aparece el tema del despertar de la sexualidad, que definitivamente tiene que ser abordado con mucha claridad, sin miedos y con una visión positiva, no meramente restrictiva. La sexualidad es un regalo que nos distingue del otro y nos hace vernos como un don para el otro. Es verdad que vivimos en una sociedad sexualizada que ha confundido sexo con placer y lo ha idolatrado. En consecuencia, esta cultura ofrece a nuestros adolescentes muchas puertas falsas, mucho *amor chatarra*.

Queremos por ello afrontar el tema de las puertas falsas de la sexualidad: la pornografía, el autoerotismo, la homosexualidad y los *frees*, las relaciones sin compromiso o aventuras de una noche.

Nunca como ahora la pornografía ha acechado a nuestros adolescentes de modo tan hostil. Nunca antes la promiscuidad, la degradación y hasta la homosexualidad les es ofrecida de modo tan accesible y atractivo.

Lejos de asustarnos, tenemos que poner manos a la obra e identificar los vacíos que buscan llenar con ese amor chatarra nuestros adolescentes. Nos toca tener sus vasos hasta el borde de afecto, cariño y seguridad. Más adelante hablaremos de los anhelos más profundos que tienen los adolescentes, que, si son mal orientados o pobremente saciados, se convierten en las causas de su perdición.

Karol Wojtyla decía que el problema de la pornografía no es que mostrara mucho, sino que mostraba demasiado poco. La pornografía definitivamente es una reducción del verdadero amor, pues nos dice que hacer el amor es fingir el clímax, desatar hormonas e intercambiar cuerpos, pero no almas. La pornografía es una nueva droga al alcance de un clic: libera sustancias, perjudica el cerebro, crea una dependencia psicológica, evade de la realidad, genera un comportamiento violento y produce sentimientos de inferioridad, culpabilidad y vergüenza.

El primer acercamiento a la pornografía se da por curiosidad y podemos considerar normal este despertar en los chicos. Pero el vicio de acudir a ella en cualquier momento de ocio o buscándola desenfrenadamente se da por razones mucho más profundas y arraigadas.

En los hombres acusa la ausencia de una figura varonil o paterna arraigada, una educación sexual controlista, una libertad no formada y un miedo velado a la relación con la mujer, así como la ausencia del conocimiento de la dignidad de ambos.

En las chicas señala una falta de autoestima, la ausencia de autoafirmación de parte del propio y del otro sexo, la falta de acompañamiento materno y la búsqueda de compensación afectiva ante un fracaso relacional importante.

En ambos casos, sin embargo, el punto neurálgico es el de la intimidad, que tocaremos más adelante.

El problema de la pornografía normalmente tiene una liga natural y casi automática con la masturbación o autoerotismo. Proviene primariamente de una conciencia nueva del propio cuerpo y del control de la genitalidad, pero se va modificando para convertirse en modos de evadir la ansiedad, de llenarse de emoción y adrenalina, de consolar la ausencia de afecto físico no obtenido en casa y de establecer un mecanismo de comunicación e intimidad consigo mismos.

Las soluciones van más allá de poner un filtro en su internet y quitarles los teléfonos para que no reciban o envíen nada inmoral, o encerrarlos en un búnker de pureza y santidad. Una vez más la respuesta de fondo es dar el único amor que puede salvar.

Las chicas, al ponerse vestidos ajustados, bailar sensualmente y tomar muchos *shoots*, están gritando que necesitan ser volteadas a ver porque en casa no reciben la atención y el cariño requeridos. Los chavos que están enganchados con la pornografía, el autoerotismo y competencias de cuántas niñas conquistan por noche nos están manifestando que nadie les ha enseñado a ser hombres, a amar, proteger y custodiar a la mujer.

Es necesario ser conscientes que los comportamientos sexuales inapropiados en los adolescentes, como mirar pornografía, los *frees* sin compromiso, el *sexting* (enviarse fotos desnudos) en las redes sociales y el autoerotismo, tienen su raíz en el vacío del corazón y se resuelven de un modo más profundo que simplemente proponiéndose mejorar. Sin embargo, queremos brindar seis consejos muy sencillos:

1. Enseñarles a los adolescentes a estar solos.
2. Promover que establezcan relaciones reales y no virtuales.
3. Permitir que tengan alguien con quien descargar los propios problemas, platicar las frustraciones y entablar diálogos confiados sobre el amor.
4. Fomentar que hagan deporte y evitar todo ocio infructuoso o navegación inútil en internet.
5. Verificar esporádicamente el teléfono de los hijos y usar un filtro, por ejemplo Covenant Eye.
6. Acudir a la página www.forify.com para tener más información sobre el tema.

Estos consejos serán meros accesorios si no logramos que nuestros chicos sepan intimar consigo mismos, con un ser trascendente (que ponga en orden su mundo interior por Él dado) y con su prójimo. El adolescente tiene mucho que compartir y paradójicamente nos hace creer que sólo sabe hablar con monosílabos, pero su auténtica sed es la de comunicar lo que le ocurre por dentro, lo que le hace vibrar, aquello que sueña, teme y le apasiona o preocupa. Su entorno está sexualizado, así que su interior es una guerra de hormonas. Si encima de todo nadie le acompaña para que pueda entenderse a sí mismo, es obvio que se va a refugiar en algún sitio o distracción que lo acompañe o le haga sentir cosas nuevas y con el que sienta cierta compensación.

Satisfacer la sed de intimidad de los adolescentes es crearles en torno a sí un círculo afectivo seguro. Aquí dejamos cinco características para generarlo:

1. Proximidad, cercanía: tratar de que nos sientan a su lado en toda circunstancia.
2. Refugio seguro: hacer que nos vean como un lugar de acogida y cariño incondicional.
3. Puerto seguro: saber indicar el destino, el punto de llegada firme y sólido.
4. Mayor fortaleza y sabiduría: inspirar estas dos virtudes y ser imágenes a la que aspiren nuestros adolescentes.
5. Temor a perder el círculo afectivo seguro o tristeza si se pierde: hacerlo sentir que este vínculo es tan fundamental que perderlo tendría que ser la derrota de su vida.

La tentación de evadirse

Evadirse, escapar o sumergirse en un mundo desenfrenado y sin límites es el auténtico atractivo que el alcohol y las drogas presentan a nuestros adolescentes, quienes continuamente desprecian su realidad, su actualidad física, su desempeño en la escuela, la aceptación social, la relación negativa con sus papás, las derrotas en el amor y muchos otros elementos, que son motivos suficientes para embrutecerse con diversas sustancias para olvidar su dolor consciente o inconsciente y con las que también busca probarse y demostrar que ya es grande.

En un primer momento, el acercamiento al alcohol, al cigarro o a la droga se da por una curiosidad natural y por el anhelo de entrar en un mundo nuevo, dejando la inocencia de la niñez sepultada de modo definitivo. Por tanto, los estupefacientes también juegan un rol de autoafirmación e identidad para el adolescente.

Ante su natural inseguridad, pretende adquirir fuerza y gallardía ingiriendo algo prohibido y adelantándose a su edad. En los hombres, el alcohol es un auténtico rito de iniciación en el mundo adulto, mientras que para las niñas es la introducción al ambiente del ligue. Es normal que los chavos inviten *shoots* y ellas poco a poco vayan *enfiestándose*. Son también usuales las competencias de bebida entre ellos y la presión para beber o fumar.

Las últimas cifras reflejan efectos preocupantes en los adolescentes. De acuerdo con la directora general de los Centros de Integración Juvenil, A.C. (CIJ) y datos de la Encuesta Nacional de Adicciones 2011 (ENA), en México el principal problema de consumo lo constituye el alcohol, considerado, junto con el tabaco, una droga legal. A nivel nacional, 71.3% de la población consume este producto. De ese porcentaje, 32.8%, equivalente a una tercera parte de la población, bebe en grandes cantidades. Es decir, en cada familia mexicana existe un integrante o un conocido que ingiere más de cuatro o cinco copas por ocasión, según la psicóloga Carmen Fernández Cáceres.[3]

En cuestión de alcohol, 4.9 millones de personas en el país ya tienen dependencia. En tanto, 47.2% de los hombres y 19.3% de las mujeres presentan un consumo considerado alto. En el caso de los adolescentes de entre 12 y 17 años, el consumo en hombres es de 17.3% y 11.7% en mujeres.

En México, más de 2 millones 378 mil menores de edad necesitan algún tipo de rehabilitación por el consumo de estupefacientes, especialmente la marihuana, según cifras oficiales de 2016 de la Conadic (Consejo Nacional contra las Adicciones). Entre secundaria y bachillerato, 713 mil alumnos necesitan tratamiento profesional por el consumo de marihuana y 1 millón 674 mil por alcohol. Al encuestar a los menores a lo largo de todo el país, 1 millón 798 mil aceptaron haber consumido marihuana; de ellos, 152 mil son de quinto o sexto grado de primaria.

En el campo de la droga, la marihuana es la sustancia que más se ha introducido en estas edades, según las estadísticas, pues se ha podido colar con astucia bajo la máscara de droga blanda natural. Sin embargo, los efectos secundarios que trae consigo en el cerebro y el organismo son irreversibles y para nada blandos. Acá presentamos algunas de las consecuencias, según el National Institute on Drug Abuse.

---

[3] Carmen Fernández Cáceres, *Violencia familiar y adicciones, recomendaciones preventivas*, Editorial Auroch/Centro de Integración Juvenil, México, 2010.

Pocos minutos después de haber inhalado humo de marihuana, el ritmo cardiaco de la persona se acelera; el pasaje respiratorio se relaja y se dilata, y los vasos sanguíneos de los ojos se expanden, haciendo que se vean enrojecidos. El ritmo cardiaco, normalmente entre 70 a 80 palpitaciones por minuto, puede incrementar entre 20 y 50 palpitaciones más por minuto o hasta duplicarse en algunos casos. Usar otras drogas en combinación con marihuana puede amplificar este efecto.

Hay cierta evidencia de estudios científicos, que indica que el riesgo de que una persona sufra un ataque al corazón durante la primera hora después de haber fumado marihuana es casi cinco veces más alto que el usual. Esta observación puede ser en parte explicada que esta sustancia aumenta la presión arterial (en algunos casos) y el ritmo cardiaco, mientras disminuye la capacidad de la sangre para transportar oxígeno. El uso de marihuana también puede ocasionar hipotensión ortostática (vértigo o mareo al ponerse de pie), posiblemente aumentando el peligro de desmayarse o caerse. La tolerancia hacia algunos de los efectos cardiovasculares usualmente se desarrolla después de estar expuesto a la droga repetidamente [...] El humo de la marihuana, igual que el del tabaco, es un irritante para la garganta y los pulmones, y puede causar un ataque de tos durante su uso. El humo también contiene gases tóxicos y partículas que pueden dañar los pulmones. [Igualmente,] fumar marihuana está relacionado con una inflamación amplia y una resistencia más alta en las vías respiratorias, así como una híper inflamación de los pulmones. [Además,] las personas que fuman marihuana regularmente han reportado más síntomas de bronquitis crónica que las personas que no fuman. Fumar marihuana también puede afectar la capacidad de defensa del sistema respiratorio, incrementando de esta forma la probabilidad de que la persona adquiera infecciones respiratorias, incluyendo neumonía.[4]

La pregunta más frecuente que los padres formulan acerca del abuso de las drogas en los adolescentes es: ¿cómo puedo saber si mi hijo consume drogas?

No hay métodos infalibles para ello, pero los siguientes síntomas y signos del abuso de sustancias pueden ser útiles:

- Disminución de la vivacidad de las reacciones e incapacidad para pensar claramente.
- Habla lenta y tartajosa.
- Comportamiento perezoso, falta de energía y tendencia a dormir mucho o a la somnolencia.
- Cambios llamativos de humor, sobre todo irritabilidad, y amplias variaciones del humor, depresión.
- Deterioro del desempeño del colegio.
- Debilitamiento del impulso y la ambición; actitudes caprichosas frente a la vida en general.
- Infecciones frecuentes.

[4] National Institute on Drug Abuse, *DrugFacts: La marihuana* [en línea], disponible en <https://www.drugabuse.gov/es/publicaciones/drugfacts/la-marihuana> [consulta: 18 de agosto de 2016]

- Pérdida de peso y disminución del apetito (excepto en los consumidores de mariguana, que tienden a mostrar voracidad y pueden aumentar de peso).
- Interrupción de la menstruación.
- Decoloración pardo amarillenta de la piel del pulgar y el índice (en los fumadores frecuentes de mariguana).
- Marcas de agujas en los brazos y en las piernas (en los que se inyectan narcóticos y otras drogas).
- Ojos enrojecidos (en los consumidores de mariguana y los alcohólicos).
- Pupilas dilatadas (las pupilas comprimidas como punta de alfiler pueden ser un signo del uso de narcóticos).
- Tos excesiva y crónica.
- Dolores de cabeza frecuentes
- Hiperactividad (usual en el consumo de cocaína y anfetaminas).
- Reacciones destacadas de ansiedad, paranoia o alucinaciones.
- Goteo de la nariz y fosas nasales rojizas, irritadas (en los consumidores de cocaína).[5]

Como un fenómeno más de esta ansia por evadirse encontramos el *cutting*, que es más frecuente en las niñas, aunque también se ha extendido ampliamente entre los chicos. Consiste en tomar un *cutter* o una navaja

[5] Robert Kolodny, y otros, *Cómo sobrevivir la adolescencia de su adolescente*, Buenos Aires, Javier Vergara Editores, 1992.

y sangrarse los antebrazos, los muslos o alguna parte en donde se experimente un dolor controlado.

La acción responde a la necesidad de atención y de percibirse vivo y con capacidad de sufrir. Se da en adolescentes que no son atendidos suficientemente por sus padres, en chicos inseguros, tímidos y con dolores muy profundos que no logran expresar verbalmente, quienes hallan en este ejercicio un modo por el cual gritarle al mundo cuán profundo es su dolor.

Es un modo de manifestar la depresión profunda y la incapacidad para saber sobrellevar un divorcio, un desamor o la ausencia de cariño en casa. Casos de este género requieren ayuda profesional y un acompañamiento muy cercano.

Cerramos esta parte del libro afirmando que las envolturas del adolescente, lejos de ser un peligro o un peso, se convierten en grandes medios de conocimiento y de formación, que pueden transformarse en auténticos salones de clases y en lecciones de vida donde se forman los valores fundamentales que la cimientan.

El adolescente
en la era de las redes

Quién lo llevó ahí
y por qué se quedó conectado

Las redes sociales han marcado el giro cultural más determinante del último siglo. Señalan no sólo una nueva época tecnológica, sino un nuevo modo de concebir el mundo y las relaciones. Nuestros adolescentes son quizá los más vulnerables ante tal situación, ya que están totalmente sumergidos en ellas y son los consumidores número uno de internet en el planeta.

El enganche que experimentan no es fruto de la coincidencia, sino de una maquinaria de mercadotecnia muy bien pensada, que ha sabido aprovechar las carencias personales y sociales de nuestros chicos.

Algunas cifras nos muestran el impacto de las redes sociales en los adolescentes. Por ejemplo, 66% de los usuarios de social *networks* son personas de entre 13 y 24 años; 74% usa con frecuencia Facebook, 59% Instagram y 57% Snapchat, sin descartar el uso continuo que dan a Twitter y WhatsApp. Estas redes tienen un alto porcentaje de visitantes vía teléfono móvil. En Estados Unidos, 93% de los adolescentes de entre 15 y 17 años tienen acceso a internet gracias a su celular, tableta o computadora. Y el grupo de los *teens*, de entre 16 y 24, es el que más tiempo pasa en redes a través de su teléfono, con un promedio de casi 200 minutos por día.

Quizá te has preguntado cómo es posible que puedan gastar tanto tiempo en el móvil, en una red social, conectados o chateando por horas con los amigos. ¿Qué le llevó ahí?

Enseguida mostramos otra interesante estadística que realizó la empresa Statista, experta en datos web de campo sobre la población usuaria de internet en Estados Unidos.

- El 66% ya ha vivido un momento desagradable con sus amigos gracias a las redes sociales.
- El 42% ha posteado fotos que les han salido fuera de su control.
- El 40% respondió que ha posteado algo por la presión de parecer mejor que los demás.
- El 39% por obtener *likes* y comentarios aparenta algo que no es o simplemente no sucedió.
- El 21% se siente peor consigo mismo y con su vida al observar las publicaciones de los demás.

La sed de pertenecer, de adquirir una identidad clara y el deseo de sociabilizar son los elementos de fondo que llevan a un chico a quedarse conectado. Antes de enumerar los peligros de las redes nos parece necesario tener claros los huecos que las redes pretenden llenar en los adolescentes y el modo aparente en que los sacian.

En las redes, el adolescente busca auto afirmarse, mostrarse y plantarse. Las redes sociales dan dos posibilidades muy atractivas a los jóvenes, que en el fondo son un espejismo. La primera es mostrar en las redes una vida, una felicidad y una plenitud que en realidad no se tiene. Los llevan a ausentarse de su realidad y tener un tobogán de escape inmediato y vibrante en el bolsillo. Nuestros chicos hoy tienen más capacidad para las relaciones virtuales que para las reales, ya que las primeras se pueden evadir con facilidad y en ellas es sencillo no comprometerse.

Una relación real implica dejar en ese instante las demás conversaciones para poder tener un encuentro cara a cara con el otro, sin intermediarios o distracciones. En una conversación virtual, en cambio, hay más distracciones, hay un interlocutor, que es el dispositivo, no hay un encuentro personal y muy probablemente se esté hablando con varias personas a la vez de temas distintos, y así es imposible centrar la atención en quien de verdad la merece.

En segundo lugar, a nuestros hijos, hoy por hoy se les ofrece la posibilidad de la vivir dos vidas: una *online* y otra vida *offline*. En el fondo, en la red el adolescente sacia su sed de introspección, aunque ésta acaba siendo determinada por la sociedad, pues en el mundo virtual no puede ser el mismo ni expresar lo que lleva dentro porque lo están observando, y no sólo amigos más íntimos, con quienes no tendría problemas para compartir lo que siente, sino que en las redes hay muchos ojos listos para juzgar y comentar el fracaso de vida que ellos dicen que está llevando.

Esta época es de hiperconectividad, de estar conectados siempre, lo que nos incapacita para ser pacientes, contemplar, pensar, y, aún más grave, para disfrutar de lo que se tiene de frente, arriba y debajo de los pies. Nuestros chicos están sobre estimulados, y por ello muchos casos de ansiedad, hipertensión, depresión infantil y déficit de atención.

La generación *millenial* de hoy está perdiendo la capacidad para estar en el aquí y ahora. No es capaz de centrar su atención en lo fundamental y se presenta como ausente de su realidad y de su entorno. Es tan basta la información y la cantidad de mensajes por responder que no se va a fondo en ninguna de las conversaciones, ni siquiera en aquellas cara a cara.

Está muy ligado a este fenómeno el tema del control de las relaciones. En una relación virtual, podemos desconectarnos, ausentarnos, escondernos y hasta mentir o graduar la interacción con el otro. Las redes nos dan una sensación de control y de invulnerabilidad. Sin embargo, es desde la vulnerabilidad y la exposición a las relaciones reales donde el corazón humano alcanza su plenitud. Las redes sociales aíslan incluso de uno mismo.

Es siempre un riesgo entablar una relación real, ya que, ante todo, se ponen en juego todos los sentidos. No hay escapatoria al abrir otra ventana, no hay forma de ponerse en modo avión o mentir sobre el aspecto o identidad, puesto que se habla de frente y sin intermediarios.

Es importante, por tanto, guiar a nuestros chicos hacia un enramado de relaciones reales y hacia uso del espacio virtual como un complemento para hacerlas crecer, pero no como una condición fundante.

Si ya de por sí en la adolescencia se generan muchas envidias y se es muy vulnerable a la comparación con la vida del otro, ahora en esta cultura dominada por las redes sociales este elemento se acentúa y provoca muchas frustraciones en la vida de nuestros chicos y chicas. Entrar a Facebook o a Instagram y ver caras sonrientes, ropa cara, cuerpos perfectos y diversión desenfrenada provoca en ellos celos por tener esa vida, que en realidad también es falsa para aquel o aquella que lo muestra. De esta forma, las redes sociales están potenciando la baja autoestima en los adolescentes, como un efecto natural de la cultura consumista y hedonista que se muestra en la web, en comparación con el aislamiento y soledad que viven en las recamaras de su casa.

En las redes sociales es fácil que se llegue aparentemente a un nivel *profundo* de intimidad con la otra persona, por la cantidad de horas pasadas en el chat, por las fotos enviadas o los videos mostrados. Incluso, se puede pensar que al otro se le conoce tras haberlo *stalkeado* (revisado sus perfiles de Facebook u otra red), pero éste es un mero espejismo, pues no se conocen sus reacciones, las muecas que hace, su capacidad para gestionar problemas reales, ni su olor o fragancia: se conocen sus *post*, mas no su alma.

Los peligros de las redes sociales en internet

Continuamente se conocen casos en los que una relación vía intenet termina en una tragedia o al ser desenmascarada nos muestra una gran mentira que se escondía detrás de la apariencia. Aquí un tremendo caso ocurrido en Estados Unidos.

Manti Te'o, jugador de futbol americano de 22 años de la Universidad de Notre Dame fue víctima de una bochornosa broma cibernética. Él comenzó una relación de noviazgo vía Skype con Lennay Kekua, una chica que en realidad jamás existió. Conoció a Lennay vía Facebook y su relación se forjó durante varios meses incluso con la aprobación de sus padres.

Una mañana el jugador fue avisado de que su novia Lennay había muerto a causa de la leucemia. En los medios de comunicación se difundió la noticia, también se habló del accidente de tráfico que ella había sufrido previamente a su muerte, y su entierro en Carson City, California; incluso se mencionaba que el *linebacker* ofrecería el juego de esa semana en memoria de Lennay.

Pero todo era un montaje, no existían registros hospitalarios de una Lennay por ninguna parte. Las imágenes que Te'o tenía de su novia eran falsas, y hasta Carson City está en realidad en el estado de Nevada. Esta farsa fue maquilada por Ronaiah Tuiasosopo, un amigo del jugador de americano, quien comunicó la farsa a través de un mensaje directo en Twitter. Manti, repetidas veces escribía mensajes de amor a su supuesta novia, mensajes que en realidad leían tronchados de risa Ronaiah y sus amigos. Cuando Manti buscaba conocer al menos vía Skype a Lennay la conexión siempre fallaba y aparecían las imágenes de Diane O'Meara, una compañera de Ronaiah, que nunca supo que estaban utilizando sus fotos para engañar a Te'o. La pareja, sin embargo, hablaba prácticamente cada noche por teléfono.

En el mes de septiembre llegó un golpe fatídico para el joven jugador de americano cuando en sólo seis horas perdió a su abuela y a su novia, cuando jugó el partido para honrar a ambas, logró uno de los mejores de toda su carrera. Siete días después ocurrió el supuesto entierro de Lennay, al cual no acudió pues ella le había dicho que no perdiera ningún partido por su culpa, así que, le envío dos ramos de rosas blancas siguiendo sus últimos deseos.

En diciembre Te'o recibió una llamada comentándole que su novia aún podría estar con vida. Él abrió una investigación formal sobre el tema y ahí comenzó a intuir que todo podría haber sido una mentira desde el inicio. Manti se resistía a creerlo y con toda la razón buscó aferrarse al amor que había sentido por ella, sin embargo, la realidad virtual y las redes sociales le habían jugado una mala pasada. Una "dolorosa y humillante mentira" en palabras del comunicado divulgado por el propio Te'o. Una historia de amor que jamás existió.

Nuestros chicos pueden vivir sumergidos en submundos cimentados en la volatilidad del tiempo en las redes, en el compromiso frágil que implica una relación ahí y en la facilidad con la que se puede mentir en un espacio virtual. La historia de este jugador es un claro ejemplo del daño que se puede perpetuar a través de las redes.

De aquí se desprenden los peligros de las redes que a continuación comentamos y ejemplificamos con casos reales.

Cyberbullying

Es ejercer una presión mediática sobre la víctima. No hay límites y los efectos perduran gravosamente en las consciencias de los adolescentes.

Amanda Todd es un caso emblemático de *cyberbullyng*. Ella era una chica canadiense que sufrió un devastador golpe anímico y psicológico cuando, después de mostrar sus pechos desnudos frente a una *webcam,* fue extorsionada por un acosador y después fue cruelmente bulleada por sus amigos y compañeros. La presión que ejercían sobre ella fue insuperable y terminó llevándola al suicidio. Ella misma narra su experiencia en el video *My Story: Struggling, bullying, suicide and self harm* (*Mi historia: lucha, bullying, suicidio y autolaceración*) que subió a Facebook un mes antes de morir.

Después de que ella se mostrara en *topless* en BlogTV, un acosador le dijo: "si no haces un show para mí, enviaré tus pechos", refiriéndose a que enviaría su foto a todo el mundo. El acosador cumplió su amenaza y la foto de la chica circuló por internet. Esto le causó a Amanda crisis de ansiedad y depresión; y después de cambiarse de escuela, comenzó a consumir drogas y alcohol.

El acosador, tiempo después, creo un perfil en Facebook y puso como foto de perfil la imagen de la chica levantándose la camiseta. Nuevamente sus amigos se alejaron de ella y recibió innumerables críticas. Aunque cambió varias veces de escuela nada se modificaba, pues como ella misma dijo en su video "Ya no puedo recuperar esa foto. Estará en internet para siempre".

En una ocasión, fue golpeada por un grupo de chicos y chicas que grabaron la agresión; ella terminó inconsciente en una zanja hasta que su padre la recogió y la llevó a su casa, sin embargo, esa misma noche intentó suicidarse bebiendo cloro.

Este incidente se conoció, y algunos compañeros de escuela publicaron fotos en Facebook en las que aparecía metida en botellas de Clorox con comentarios sin escrúpulos como: "ojalá hubieras muerto". Al sentir esta terrible loza encima, su nivel de ansiedad y su depresión aumentó hasta que finalmente culminó su vida ahorcándose en su casa.

Muchos han hecho homenajes a Amanda en las redes, se han creado páginas de Facebook y *hashtags* en Twitter. Sin embargo, algunos siguen con sus burlas *postmortem* que no hacen más que agudizar el drama de la familia.

Grooming

Este fenómeno se ha extendido por internet y consiste en las relaciones que un mayor de edad sostiene con un menor, engañándolo o manipulándolo. Es sin duda uno de los peligros más graves de la red. Acá presentamos algunos casos.

La National Society for the Prevention of Cruelty to Children recoge el terrible caso de una niña de 16 años que, sin darse cuenta, tenía publicado su número telefónico en su perfil y comenzó a recibir mensajes de un adulto mucho mayor que ella pidiéndole que tuviera relaciones sexuales con él; además de esto, el sujeto le enviaba imágenes con contenido sexual.

Éste, sin embargo, no fue el único caso, los papás de una chica estadounidense de 14 años encontraron fotos de ella desnuda en su computadora. Ella aseguró haberlas enviado a un hombre de 37 años que conoció por internet.

La jóven se enamoró de él igual que otras menores de entre 12 y 16 años. La policía aseguraba que eran nueve las chicas manipuladas afectivamente hasta ese momento. Según parece, el hombre elegía aquéllas con problemas con su propia imagen corporal, muchas tenían sobrepeso y problemas en la piel. Él las adulaba haciéndolas sentir bien y así conseguía su propósito. El delincuente, poseía fotos y vídeos de pornografía infantil en su computadora, y por todo esto se le condenó a 10 años de prisión.

Sexting

Cada día se extiende más este peligro en las redes, en especial a través de Snapchat y WhatsApp. El *sexting* consiste en establecer una relación virtual con intercambio de contenidos acerca de las propias partes íntimas. En la mayoría de las ocasiones, las historias terminan con chantajes y manipulaciones que derivan en *cyberbullying* y tragedias.

Desgraciadamente los casos de *sexting* cada vez están más cerca de nuestra realidad. Por ejemplo, en la delegación Guatavo A. Madero de la Ciudad de México se denunció una violación impetrada por siete estudiantes, de los cuales cinco eran menores de edad y los otros dos superaban los 18 años. Tal acto fue videograbado por uno de ellos y reenviado a los alumnos del plantel escolar. El suceso ocurrió durante una fiesta después de que una adolescente quedó inconsciente tras ingerir alcohol en exceso. Siete de sus compañeros la llevaron a una casa vecina y grabaron el abuso multitudinario.

El video circuló con gran velocidad entre muchos conocidos de la víctima y cuando se enteró de los hechos puso una denuncia penal.

Este tipo de casos de sexting muestran la superficialidad con la que se ve la intimidad y el pudor entre adolescentes sobrecargados de información y material sexual. Hoy tener una foto o un video de un conocido desnudo es un trofeo a presumir globalmente a costa de una víctima que inocente o culpablemente paga el precio de un descrédito absoluto.

Efectos de las redes

Hay efectos tremendamente positivos del uso de las redes sociales. La mayoría de las veces, ha permitido globalizar la solidaridad y generar rápidas y eficaces redes de ayuda o de expansión de un buen mensaje.

Nuestros chicos tienen más capacidad para relacionar datos y gestionar problemas con facilidad. Por ello, a muchos de ellos, gracias a las nuevas tecnologías, no se les cierra el mundo.

Las redes también se han asociado a un mayor desarrollo del polo frontal, de la región temporal anterior, del cingulado anterior y posterior y del hipocampo. Al usarlas con medida, se desarrollan muchas habilidades y circuitos cerebrales antes no descubiertos. Por ello, es necesario mantener siempre el equilibrio en su uso.

Otro efecto, que puede ser considerado neutral, es la necesidad constante de *feedback* que requieren los adolescentes también fuera de las redes. Al desarrollar su mundo ahí, los parámetros de aprobación son el *like* y el *follow*. Además, al ser todo tan público los jóvenes se muestran más vulnerables al beneplácito o rechazo del interlocutor, generando una seguridad más voluble. En consecuencia, se hacen más superficiales y menos introspectivos, ya que la reflexión para sí mismos y el pensamiento interpersonal y meditativo quedan sacrificados por un sentimiento de *I have to show off*, "me debo a mis seguidores".

De igual forma, antes se escribía en diarios personales; ahora, el muro, mi *front page* o mi *status* de *networking* son los encargados de manifestar quién soy y cómo estoy. Nunca estuvimos tan desnudos y, al mismo tiempo, tan avergonzados y aislados como hoy.

Además, hay efectos en la simple disminución de horas totales de sueño y hasta insomnio; además limita el rendimiento académico y aumenta la vulnerabilidad a convertirse en *cyberadictos* y ludópatas.

Las redes dan a nuestros chavos la sensación de ser escuchados y acompañados, de que alguien se interesa por ellos, pero esto es sólo virtual, Facebook quizá es el único en su día que les pregunta: "¿Qué estás pensando?". Instagram es el único que les va a premiar su *outfit* con muchos *likes*. Asimismo, Snapchat les hace pensar que a alguien le interesan sus tonterías y ahí, aparentemente, puede expresar lo que quieran. Su aplicación de filtros va a mejorar su imagen tal como ellos quisieran ser. Sin embargo, ninguna aplicación es una compañía de carne y hueso.

Los expertos dicen que antes teníamos un sentimiento y le hablábamos a alguien para expresarlo; no obstante, ahora en las redes expresamos algo, colgamos algo o mandamos algo para tener un sentimiento.

El efecto más grave que se debe prevenir es el de la despersonalización. Para ello, no nos cansemos de buscar la integración armónica de nuestros hijos.

Decálogo para formar a tu hijo frente a las redes sociales

1. Asegúrate de que no viva una doble vida: una en las redes y otra en la realidad.
2. Alimenta su autoestima en casa; de lo contrario, la buscará *online*.
3. A mayor responsabilidad, más libertad; éste es un buen criterio para saber si tu hijo está listo para conectarse.
4. El teléfono y las tabletas deben tener una funcionalidad; no se les dan por moda o porque todos lo tienen. Fomenta actividades que no impliquen el uso de estos aparatos: jugar, estudiar o pasear, para que sepan hacer dieta de internet.
5. A temprana edad, no le des un teléfono o tableta propia; fomenta que se usen sólo cuando vaya a salir o tenga que resolver una tarea. Luego pídeselo de regreso.
6. A ciertas edades es recomendable recoger los dispositivos electrónicos durante la noche.
7. Es bueno hacerles una revisión esporádica de sus chats con la aprobación de ellos.
8. Vale la pena instalar la aplicación *Covenant Eyes*.
9. Prohíbe sacar los teléfonos en la mesa y promueve la convivencia y la plática familiar.
10. Incita a que realicen búsquedas formativas en Google y evita cualquier ocio o pérdida de tiempo peligrosa.

Formar a un adolescente

El adolescente desde dentro

Tras quitar la envoltura de un adolescente (vocabulario, moda, música, ligues, redes, etcétera), comenzamos a conocer lo que hay dentro de él y de ella. Al descubrir esos elementos interiores, tendremos ya las herramientas para poder formarlos con eficacia y asertividad.

Lo más profundo que encontramos en ellos es su personalidad. La experiencia nos dice que es en la adolescencia cuando se comienza a fraguar la personalidad: cuántos niños buenos caen con el paso del tiempo en conductas perversas, o cuántos niños caóticos terminan siendo excelentes personas.

A esa indeterminación habrá que sumar la rebeldía, la pereza, la incomunicabilidad y otros rasgos típicos de la adolescencia, que hacen el cuadro crítico. Y más crítico se vuelve cuando los padres no entienden los cambios y la peligrosidad de esta época, que además se desarrolla hoy en un ambiente agresivo y constantemente expuesto a la droga, el alcohol, el sexo y la mediocridad, que, como ya dijimos, es sólo la máscara detrás de la que cubre se esconde algo más profundo.

Lo que le sucede al adolescente es que descubre su propio yo. Se da cuenta de que él es él… que es, por decirlo de algún modo, dueño de sí mismo. Al detectar esto su relación con los demás y consigo mismo por supuesto cambia.

La adolescencia es el inicio de un crecimiento interior, el nacimiento en la persona de algo que antes no existía, es el despertar de la intimidad y tomar una mayor conciencia no sólo de que soy, sino de quién soy.

¿Y es malo que suceda? No, definitivamente no. Es necesario que en el adolescente vengan estos brotes más o menos violentos de rebeldía, cambios en el carácter, alteraciones, que acompañan el descubrimiento del yo, el nacimiento de la intimidad. Sin intimidad, no hay madurez, y sin el descubrimiento del yo, no hay intimidad.

El nacimiento de la intimidad es bueno, necesario e indispensable; sin ella, el hombre sería siempre un niño o un simple objeto inconsciente.

Entonces, ¿dónde está el problema? Ya tendremos oportunidad de analizar más a fondo esta cuestión; por ahora simplemente comentaremos que los adolescentes ahora son tan turbulentos porque no dejamos que la intimidad nazca bien, sana y robusta.

La intimidad se forja en tres pasos:

1. Descubrimiento del yo: comienzan a hablar consigo mismos; se sienten desprotegidos fuera del nido

materno, pero sienten la necesidad de salir de ahí; descubren que tienen opiniones propias y aficiones particulares.

2. Nacimiento de la intimidad: desean estar en su habitación, la cual se convierte en un búnker de soledad; buscan confidentes con los cuales compartir sus secretos; valoran más su genitalidad, y son celosos en la elección de amigos.

3. Madurez: aunque parece que nunca llegará, la adolescencia les introduce en la coherencia y el abandono del juego, para adentrarse en el mundo educativo y laboral más seriamente.

Sólo en el papel, se dan por separado, pero tienen posibilidades de desviación. Si al descubrimiento del yo no le sigue el nacimiento de la intimidad, el hombre no madura, se hace frívolo.

Frivolidad es cuando un adulto o un adolescente piensa o reacciona como niños; por ejemplo, porque sólo piensa en su radio, en su celular, en su perfil de Instagram o en los rines del auto.

La dinámica es la siguiente:

- Si hay cultivo de intimidad, habrá madurez.
- Si no hay cultivo de la intimidad, habrá frivolidad.

El adolescente quiere valerse por sí mismo e ir conquistando su independencia y autonomía. Así, hay una serie de rasgos en su comportamiento que son expresión de su afirmación interior:

- *Obstinación:* con el despertar de sus propias opiniones y el nacimiento de su tierna identidad, los adolescentes se muestran tercos y seguros; afirmarse en sus modas, vocabularios y extravagancias es el mejor método de afianzamiento. Ceder ante una autoridad, obedecer una regla o quitarse el arete de la lengua es percibido por ellos como un retroceso a la infancia.

- *El espíritu de independencia total:* para no volver al nido, ven urgente independizarse y arreglárselas por sí mismos. Evidentemente, todos fracasan en el intento, pero es sano que vayamos soltando la rienda para que tomen decisiones que los configuren como sujetos camino a la madurez.

- *El afán de contradicción:* llevan la contraria al sistema, sobre todo a los padres y a los profesores. El mecanismo sigue siendo el de afianzar la autoafirmación.

- *El deseo de admiración:* al adolescente no le basta autoafirmarse; requiere la afirmación del otro, la aprobación de algunos que aplaudan los pasos que comenzó a dar fuera de la tierra de la niñez y le den seguridad en este nuevo planeta que ahora habita.

- *La búsqueda de la emancipación del hogar:* es cuando sienten que los papás verdaderamente estorban y son el obstáculo al propio crecimiento.

- *La rebeldía ante las normas establecidas:* todo elemento de control y de coacción de su libertad es visto como enemigo de su plenitud y confort. La tendencia a la autoafirmación, que en sí es algo

normal y necesario para el desarrollo de la personalidad naciente, crece desmedidamente y se radi-
caliza ante las actitudes negativas de los mayores:
todo consejo en buena lid es interpretado por ellos
como rigidez, incomprensión, autoridad arbitraria,
controlismo, etcétera.

Es clave mantener el binomio autoafirmación-inse-
guridad. Si en el adolescente se da pura autoafirmación,
obtendremos sólo rebeldía, y si apostamos por la inseguridad, formaremos timidez. Lo lógico y habitual es la
suma de ambos, ya que, junto al conocimiento de las
propias posibilidades con la consiguiente autoafirmación, el descubrimiento del yo se produce en el adolescente, desde el principio, una condición de la seguridad
en sí mismo y, en consecuencia, la aparición de sentimientos de duda e inferioridad.

La autoafirmación es el motor que hace posible que
se inicie y mantenga el proceso hacia la madurez, mientras que la inseguridad (ante las dificultades por superar
los fracasos sufridos) es un estado crítico que le permite
al adolescente ganar en humildad y realismo, además de
que le permite encajar los fracasos y aprender a reaccio-
nar positivamente ante ellos.

Con base en los estudios de Gerardo Castillo,[6] una
de las máximas autoridades sobre el tema, podemos cla-
sificar la adolescencia en tres fases:

[6] Gerardo Castillo, *Los adolescentes y sus problemas*, Pamplona,
EUNSA, 1984.

Fase		Edad (años)	
		Varones	Mujeres
Primera	Edad ingrata (Insensibles)	12 a 14	11 a 13
Segunda	Edad impertinente (Rebeldes)	15 a 17	14 a 16
Tercera	Edad de ideales (Quijotescos)	18 a 21	17 a 20

En estas fases van apareciendo algunos fenómenos que nos dan a conocer los rasgos más profundos que sufren los adolescentes. Aquí Gerardo Castillo enumera 36 situaciones que se verifican de modo claro en ellos y ellas. Hemos dejado un espacio para que anotes de qué modo y bajo qué expresión se ha manifestado cada fenómeno en tu adolescente.

1. Nacimiento de la intimidad.

2. Fortalecimiento de la amistad.

3. Inestabilidad emocional.

4. Incremento de la sensibilidad.

_____

_____

5. Rebeldía ante los mayores.

_____

_____

6. Actuación en grupo.

_____

_____

7. Deseo de hacerse notar.

_____

_____

8. Motivación.

_____

_____

9. Vivir en el presente sin visión a largo plazo.

_____

_____

10. Rechazo a lo impuesto.

_____

_____

11. Muchos propósitos, pocos resultados.

_____

_____

12. Admiración e idealización de personas.

_____

_____

13. Necesidad de cariño, aunque no lo expresan.

_____

_____

14. Nacimiento de los primeros impulsos sexuales.

_____

_____

15. Necesidad de ser escuchados.

_____

_____

16. Esperar mucho de los mayores.

_____

_____

17. Preocupación sobre temas como drogas, sexo, divorcio, anticonceptivos, SIDA.

_____

_____

18. Inicio en serie de los complejos.

_____

_____

19. Interés por el otro sexo, manifestado más por las niñas.

_____

_____

20. Disminución de la religiosidad.

_____

_____

21. Sensibilidad para ayudar a los necesitados.

_____

_____

22. Afición al deporte.

_____

_____

_____

23. Aceptación de la moda por criterio propio.

24. Pérdida del gusto por los museos o las exposiciones.

25. Pérdida de la espontaneidad.

26. Dificultad para fijarse límites.

27. Volubilidad de sus aficiones.

28. Hacer amigos en el deporte.

29. Alejamiento del hogar.

30. Poca sociabilidad con adultos.

31. Falta de conocimiento de sí mismos.

32. Ser radicales.

33. Negación de los fracasos.

_____

_____

34. Molestia por que tomen lo suyo.

_____

_____

35. Enojo por el trato injusto.

_____

_____

36. Rechazo a los consejos.

_____

_____

Los cinco ejes
de la vida de cualquier adolescente

El adolescente, como hemos podido observar, desea encontrar un puesto en el mundo, y, para obtenerlo, a veces tocará en las puertas falsas de las adicciones, de la cultura de la imagen, o hipotecará sus afectos al mejor postor. El adolescente vive en el drama de pertenecer y de hacer lo que sea necesario para entrar al grupo de sus sueños y por fin ser aceptado por los más populares. Muchas de las manifestaciones enumeradas arriba obedecen a las cuestiones de fondo que hemos intentado explicar hasta ahora.

A un adolescente le incomoda su soledad porque no sabe estar consigo mismo, ni tratar con sus sueños, frustraciones y miedos. Si le cuesta ser vulnerable ante los otros, ante sí mismo el aceptarse frágil y necesitado representa una derrota auténtica. Su mundo emotivo y afectivo, por ejemplo, aún no está ordenado y sufre la disparidad hormonal, la volubilidad de sentimientos y la inexperiencia ante un mundo donde aún no se inserta. El adolescente es un buscador nato, pero no por ello tendrá éxito en la consecución de ese tesoro por el que lucha. Es nuestra tarea el darle realismo a su vida, colocándolo en un camino en el que pueda avanzar por cinco ejes:

1. Disciplina.
2. Autocontrol.
3. Esfuerzo.
4. Valoración de sí mismo en una justa medida, apreciando no la envoltura, sino las virtudes de su cofre.
5. Descubrimiento del sentido de su vida, pues ha venido a ella con una misión por cumplir.

La disciplina le llevará de la mano al autocontrol para por fin tomar las riendas de su vida, de la cual debe hacerse dueño primero. El adolescente es el más voluble a las esclavitudes: puede perder la libertad ante la opinión de los demás, con las adicciones, la tecnología o sus propios vicios, como la flojera y el ocio. Disciplinar su horario y su rutina, en el deporte, el colegio y todos sus ámbitos, le otorgará ese autocontrol que hará posible la consecución de sus sueños.

A un hijo se le puede echar a perder dándole todo, ya lo hemos dicho. No se trata sólo de cosas materiales, sino de acudir en todo momento y de forma desmedida a resolverle la vida entera. Es ridículo ver a madres de familia defendiendo a sus hijos de supuestos *bullyings*, aun en secundaria, y cuando hablan con el entrenador para que su estrella sea titular, o con el profesor para que reciba las notas que merece. Ahí se les hace un gran daño otorgándoles una atención enfermiza y controladora o preocupándose exageradamente de nimiedades que les impiden ser autónomos y crecer. Todo esto surge de la sobreprotección y el apego a la imagen infantil que aún no se abandona.

Cuando un hijo se gana su dinero, sus viajes, su diversión y su propio respeto, se está adentrando verdaderamente en la vida adulta. Los puestos en el mundo no se reservan ni se heredan; se ganan, se obtienen y se luchan.

Valorarse es un paso vital en la adquisición de su identidad. No obstante, puede ser un engañoso si centra su atención en la ropa de marca, en su popularidad frente a los demás o en su círculo de relaciones. Debemos ayudarle a que encuentre validación desde lo que es por dentro: sus valores humanos y espirituales, sus virtudes y cualidades. Un adolescente debe saber con qué cuenta para poder ofrecerlo.

La última columna es la que da solidez a las demás: saberse con una misión. Ya hemos dicho que el adolescente va por un puesto en el mundo, y, en consecuencia, conocer su misión le da un sentido pleno a su vida. Entorno a ella, aprovecha sus talentos, gestiona su tiempo y proyecta sus dones e inquietudes.

Estas cinco columnas pueden levantar con solidez el edificio de una vida que sepa colocarse en este mundo hostil y voluble a tantos terremotos. La función del formador es la misma que la del ingeniero: verificar que estas columnas enraícen bien y se alcen con equilibrio y solidez.

Muchas veces hemos visto que, al educar a un adolescente, los padres se centran en puntos que francamente no tienen ninguna importancia y descuidan lo que es realmente básico.

¿Y qué es lo fundamental en un adolescente? La intimidad y esa lucha por controlar la soledad tóxica, la desfamiliarización, el *borreguismo*, el autoritarismo y las evasiones.

Por tanto, es esencial cuidar lo básico, que en el hombre es aquello que nos distingue de nuestros inferiores, los animales, y esto es lo que llamamos alma, la cual se manifiesta de dos modos, haciendo lo que sólo el hombre puede hacer: pensar y querer. El alma opera a través de la inteligencia (por ella pienso) y de la voluntad (por ella quiero).

Tocamos así un punto básico del adolescente: inteligencia y voluntad. Ahí está el asunto, ahí hay que apretar, porque es donde nuestra cultura es floja; si algún problema tiene el adolescente hoy, se debe a que su voluntad es de chicle y a que deja que otros piensen por él.

Formación y desarrollo

Fortalecer su voluntad

Educar la voluntad de nuestros hijos quiere decir prepararles para ser libres; quiere decir educarles para que sean ellos mismos los que luchen por la adquisición de virtudes. En estas tareas el ejemplo de los padres es fundamental, así como la paciencia y el optimismo.

Un modo práctico y sencillo de saber si una persona tiene o no voluntad fuerte o fuerza de voluntad es saber si distingue entre lo que debe y lo que quiere.

Un ejemplo: son las cinco de la tarde, Martha tiene examen mañana, le faltan 30 páginas de estudio, pero, aunque tiene sueño, sabe que debe estudiar. Se quiere dormir, pero estudia. Tiene voluntad; si quiere dormir y lo hace, no le falta voluntad.

La idea es sencilla. Se trata de ayudar a los adolescentes a entender que el quiero y el debo no siempre coinciden, y que debe tener siempre prioridad un *debo* convencido, interior y no sólo de imposición autoritaria. La peor frustración de un hombre es la incapacidad para vencerse a sí mismo, para poseerse como persona. Sin voluntad no te posees, tú no mandas en ti; es alguien más tu dueño.

Éstas son algunas ideas para desarrollar la voluntad de los adolescentes:

- Dejarlos (hacerlos) tomar decisiones bien pensadas y pedirles que las fundamenten.

- Solicitar que terminen lo iniciado, aunque les cueste; que no dejen cosas a medias.
- Quitarles evasiones (ojo con las adicciones).
- Fomentar que tengan metas, retos, y que los lleven adelante: un deporte, un idioma, una conquista...
- Cumplir encargos; todos deben tener uno en casa, alguno que les suponga esfuerzo diario.
- Desarrollar con perfección *hobbies*. No cuenta ver la televisión o jugar en la consola.
- Sepultar la aversión al esfuerzo.
- Formar hábitos buenos: seguir un horario; ser puntual; dejar por un rato la televisión, el celular, la computadora.
- Promover que resuelvan sus problemas ellos (la vida sin problemas es una tragedia).
- Terminar las cosas bien (la obra bien hecha es fundamental en la educación de la voluntad).

Hay muchos adolescentes que no están a gusto con los que son, que quieren cambiar, que prometen cambiar, pero que no pueden. Lloran de rabia, pero no pueden dejar ese promedio o ese hábito, simplemente porque su voluntad es débil y no encuentra recursos para fortalecerse. La voluntad no se compra ni se fabrica en bloque; hay que irla fortaleciendo poco a poco, negándose al quiero y abrazándose al debo en las mil pequeñas incidencias del día.

Despertar su inteligencia

Esta tarea tampoco es sencilla; cuesta, y cuesta mucho. Entre otras cosas, es difícil porque en las escuelas de educación básica y media la inteligencia se promueve muy poco o se sofoca por completo. Actualmente, el fácil acceso a la información ha generado un automático *copy-paste*, en el que la relación, la síntesis y la creatividad quedan sacrificadas por Google y el Rincón del Vago.

La primera recomendación es que aprenda a pensar:

- Pensar es comprender, es decir, captar el significado de lo que se oye o se lee, hacernos cargo de lo que una cosa es.
- Pensar es reflexionar. Reflexionar consiste en considerar nueva o muy detenidamente una cosa; considerar un asunto desde diferentes puntos de vista y en diferentes momentos, es decir examinar con cuidado y sin prisa una cuestión.
- Reflexionar además de una capacidad es también una actitud; significa colocarse en situación de duda o de admiración ante las cosas.

Despertar en ellos el interés por la verdad

Un riesgo que existe hoy en los jóvenes estudiantes es que sean sólo personas instruidas, sin llegar a ser personas cultas. Se puede ser muy culto sin ser muy instruido e, igualmente, se puede ser muy instruido sin ser muy culto. Naturalmente, toda cultura implica necesariamente un mínimo de instrucción, pero no es así a la inversa: puede existir instrucción sin cultura.

La instrucción es algo exterior, impersonal y sin diferencias de nivel (se sabe o no se sabe), mientras que la cultura implica la participación vital del sujeto, además de la modificación interior y la profundización continua.

La instrucción es algo exterior, impersonal y sin diferencias de nivel, se sabe o no se sabe, mientras que la cultura implica participación vital del sujeto, modificación interior y profundización continua. Saber de memoria los versos de un poeta está en el plano de la instrucción, mientras que meditar sobre estos versos y encontrar siempre resonancias interiores, pertenece al campo de la cultura.

Y con esto en mente, hace falta cuestionar al adolescente sobre su cultura:

- ¿Qué te parece? Hubo 120 muertos por tal ciclón ¿Qué podemos hacer por sus familiares?
- Se reunieron hombres de 100 países en el homenaje a X personaje, ¿A qué se habrá debido? Piénsalo detenidamente.

El trabajo quiere decir disciplina, método y fatiga. La labor de estudiar es, por tanto, una situación para aprender a pensar. Pero sus posibilidades formativas no se reducen al ámbito intelectual: favorece también aprender a querer, porque implica el ejercicio de la voluntad.

Formar la inteligencia no implica sacar buenas calificaciones; va más allá, hace falta:

- Que estudien para saber y gocen con los nuevos co-
  nocimientos.
- Que aprendan a desarrollar su cabeza, a tener ideas.
- Que cuestionen a sus profesores.
- Que tengan temas preferidos.
- Que usen internet para enriquecer lo aprendido en
  el aula.

Y para todo esto, es necesario:

- Que tengan un buen lugar para estudiar en su casa.
- Que tengan y respeten un horario de estudio.
- Que se preparen con ilusión para llegar a la vida
  universitaria.
- Que tengan acceso a libros de consulta y páginas
  apropiadas.

Acrecentar su interés
por la cultura

El mejor procedimiento para evitar que los jóvenes sean
víctimas fáciles de las influencias de la subcultura es
despertar en ellos el interés hacia la verdadera cultura y
favorecer las situaciones de cultivo interior. La lectura y el
estudio deben ser instrumentos de crecimiento interior,
y no simplemente de información o instrucción. Para
esto podría ser muy útil:

- Fomentarles el interés por los clásicos.
- Procurar que vayan al teatro, vean series o programas históricos o culturales.
- Favorecer el hábito de la lectura.
- Ayudarlos para que sepan acudir a una buena enciclopedia de papel o electrónica.
- Procurar que haya en casa conversaciones de altura.
- Invitar a que asistan a cursos y conferencias.

Piensa, estudia, son dos imperativos que lanzamos a la juventud de hoy.

Piensa

La inteligencia es la potencia espiritual más notable del hombre. Es la facultad del ser y de la verdad. No caigas en el error del subjetivismo, que no es sino la manía de convertir mis pensamientos en verdades por la tonta soberbia de pensar que son verdad porque son míos. No. La inteligencia conoce al ser, no lo hace. La inteligencia descubre la verdad, no la inventa. Por eso la verdad es lo que es, aunque todos la pensamos al revés.

Estudia

Aprovecha tus años de estudiante, pero no dejes de estudiar jamás... Pronto verás que la sabiduría nunca te estorba. La ignorancia es el mayor enemigo que Dios tiene en el mundo. La confusión mental lleva al desorden moral. Asigna algún tiempo para estudiar y leer. No pierdas el tiempo leyendo malos libros. Aconséjate siempre con tus lecturas. Al que pueda ser sabio no le perdonamos que no lo sea. Actualiza siempre tus conocimientos. Haz todos los días un rato de lectura espiritual y procura conocer a fondo la doctrina.

Formar la inteligencia emocional

A partir del último cuarto del siglo pasado, un nuevo concepto ha marcado las investigaciones psicológicas y pedagógicas. Éste es el de la inteligencia emocional, que consiste en la capacidad para capitalizar, gobernar, y controlar el mundo emotivo y afectivo para usarlo como una potencia al lado de lo intelectual y de lo físico.

La inteligencia emocional incluye la empatía, la expresión y la comprensión de los sentimientos, el control de nuestro genio, la independencia, la capacidad de adaptación, la simpatía, la capacidad de resolver problemas en forma interpersonal, la persistencia, la cordialidad, la amabilidad y el respeto.

La inteligencia emocional es el auténtico detonador de éxito en las empresas, los empleos y negocios. Un presidente de compañía o de país no requiere poseer una inteligencia académica altísima pero es irrenunciable que tenga un elevado nivel de inteligencia emocional. Los emprendedores exitosos que han sabido ser buenos jefes y todas sus cualidades derivan de una alta inteligencia emocional, a continuación algunas características y sus opuestos:

Cualidades de los emprendedores	Cualidades opuestas a los emprendedores
Gran motivador	Escéptico
Bueno para escuchar	Ser una pared
Comunicativo	Callado
Valiente	Intimidador
Gran sentido del humor	Mal temperamento
Muestra empatía	Centrado en sí mismo
Decidido	Indeciso
Asume la responsabilidad	Culpa a los otros
Humilde	Arrogante
Comparte la autoridad	Desconfiado

Todas las características del emprendedor son de alguien que posee la empatía propia del altamente cualificado, no en su coeficiente intelectual, sino en su inteligencia emocional (I.E.).

Esta habilidad de la empatía que se desprende de la I. E., es el fundamento de toda la vida relacional de nuestros chicos e implica sentir el estado interior del otro, hasta tocar sus sentimientos e incluye:

- Una empatía primordial: sentir con los otros; captando incluso la comunicación no verbal.
- Sintonizar: escuchar con total receptividad a la otra persona.

- Exactitud empática: entender los pensamientos, sentimientos e intenciones del otro.
- Conocimiento social: conocer el entramado social y cómo funciona.

A su vez, estas características requieren que nuestros jóvenes posean:

- Sincronía: saber interactuar con comunicación no verbal.
- Presentación personal: saber presentarse a sí mismos a todos los niveles, vestido, palabras, gestos.
- Influencia: saber medir el resultado de su interacción social.
- Responsabilidad y correspondencia: saber cuál es mi responsabilidad con mi prójimo y actuar en consecuencia.

Como hemos visto, sin inteligencia emocional creamos chicos aislados, egoístas e incapaces de relaciones reales, lo cual es un peligro latente en este mundo de redes sociales.

Dejamos, pues, algunos consejos para elevar la inteligencia emocional en los hijos desde muy temprana edad:

- Elogia a tu hijo por las conductas adecuadas.
- Evita adular excesivamente; sé preciso y sincero.
- Demuestra interés por lo que tu hijo está haciendo.
- Participa en sus actividades.

- No hagas demasiadas preguntas ni des órdenes sin control.

Nueva visión
sobre Dios y la Iglesia

El adolescente, en el avanzar de sus años, va formulándose una nueva visión sobre Dios y la Iglesia. Es el momento de las dudas y los cuestionamientos que son tan sanos como crecer.

Respetamos las creencias de cada uno y no queremos imponer ninguna religión; sin embargo, los dos autores creemos que la apertura a la trascendencia y a la vida con propósito ayuda enormemente a un adolescente a recuperar la paternidad pérdida y reencontrarla en Dios, le ayuda a afianzar su identidad que le viene dada de lo alto y lo encamina en una senda en donde el bien absoluto, la verdad eterna y la belleza perenne le brindan fundamentos fuertes para los momentos de crisis y confusión.

Los adolescentes no creyentes comienzan a plantearse a fondo el problema del bien y del mal, del dolor y el sufrimiento, de Dios y la fe. Los creyentes, por su parte, se cuestionan la fe que les enseñaron maestros, padres y sacerdotes, enfrentando a la Iglesia con argumentos y dudando de la genuina intención de la religión. Ante esta situación, anexamos un extracto del manual *A ti levanto mis ojos*, del padre Carlos Padilla, donde se ataja este fenómeno:

Si aceptas todo tal como te lo cuentan, entonces esa convicción no es tuya. Si nunca has puesto en duda un poco de tu fe, entonces dudo de tu fe. Hay una edad del cuestionamiento, de la incredulidad y de la profunda duda.

"El mundo lo toco, lo huelo, lo escucho y lo siento. Pero los curas me hablan de un mundo de fe, invisible, lejano y no corporal. Me la ponen difícil, porque yo así no puedo creer en nada". Esta frase la podríamos poner en la boca de casi cualquier cristiano que cruzó ya los 14 años.

Son frecuentes las dudas de la existencia de Dios, de la Iglesia y de los sacerdotes, sobre todo de los que fallan y son unos amargados. Es común oir: "¿por qué me voy a confesar con un hombre que es tan pecador como yo?".

Y a partir de esas dudas de fe, también se cuestiona el cariño de los padres, a uno mismo y la sincera estima de los demás. Y es que hay muchas cosas que no se ven ni se huelen, pero que son demasiado reales, desde el amor de dos novios hasta el oxígeno que se respira.

La duda nos asalta, nos asfixia y hace que lo veamos todo negro. En ese momento, que seguro todos hemos cruzado, no queremos oír hablar de Dios, quien parece el personaje de una fábula o de un cuento de hadas. No deseamos ir a la iglesia, pensar en algo trascendente ni reflexionar en algo de un mundo que ni se siente ni se ve.

Pero también ese estado sumerge en una profunda tristeza, como en una falta de sentido y de rumbo. Es como si el mundo perdiera su color y su sabor.

No quremos dar muchos argumentos, sólo comparto uno: Quien nos creó nos puso un anhelo espiritual que no podemos ocultar. Podemos intentar vivir como si Dios no existiera o como si fuéramos un ser vacío, sin alma, pero eso no nos la quitará nunca de en medio del pecho, porque tarde o temprano se despertará el deseo de elevarnos por encima de estas cosas del mundo que se echan a perder, se apolillan y pasan de moda.

Para los adolescentes la duda es el espacio y la oportunidad para descubrir una fe más para ellos, para su edad. Ojo, no para su comodidad o agrado, sino para el momento que pasan. Una fe más argumentada, más rica y más de don.

No hay que olvidar de que la fe es un regalo que hay que pedir en la oración. No se puede aumentar ni un solo gramo de fe por más que se estudie o se piense. Eso ayuda, pero, si no viene Dios, de nada vale el esfuerzo.

La duda también genera muchas respuestas. Para el adolescente aprovechar este momento y no dejar de buscar a alguien que escuche, a quién pueda contarle, gritarle y cuestionarle con toda su energía. Necesita que lo guíe.

Su alma tiene sed de lo infinito y nada de lo que tenga o experimente aquí lo va a llenar si lo vive sin Aquél que nos creó… Ni siquiera el hecho de dudar o no creer hace que Él deje de existir, ni evita que lo siga amando, aun cuando duda.

Creer es jugársela. Los grandes pasos de la vida se dan así. En una apuesta, en rifarse. El que se casa no tiene todas las certezas de estar haciendo lo correcto, el que escoge una carrera o elige un plan de vida no tiene todas las cartas consigo. Avanzar en el juego es confiar y seguir confiando.

Tenemos la ventaja de poder confiar en el Creador del juego. No estamos poniendo la vida en manos de cualquiera. Estamos hablando de Dios, a quien no debemos tener miedo de dirigirnos cuando no sentimos, cuando la duda nos abraza y lo vemos todo negro.

No sé si estás ahí

No sé si estás ahí, si me ves y me escuchas.
No comprendo tu palabra, tus planes y tus verdades.
Me presento como ese ciego del que habla tu evangelio.
Quisiera ver, Señor. Abre tú mis ojos.

Si existes, muéstrame la luz; si me escuchas, ábreme el oído.
Si me quieres, hazme confiar, y si te importo, dame la fe.

Perdona mis palabras atrevidas y mi sinceridad tan cruda,
pero dicen que tú siempre comprendes y que somos hijos
tuyos.

Por eso te pido que me hagas caminar en la claridad.
Hazme andar como a Pedro por encima de las aguas,
y en medio de esta tormenta, si es que vas en mi barca,
calla al mar y calma la tormenta,
que pase la noche y me despierte a tu día.

Quisiera creer con más fuerza, con menos dudas y más certezas.

Dame la sencillez y la humildad que necesito para aceptarte y aceptar que no todo podré entenderlo, ni todo controlarlo.
Porque tu primer mandamiento no es comprenderte por encima de todas las cosas,
sino amarte por encima de ellas.

Ten piedad de mí, Señor, y si es tu voluntad, manda a uno de tus elegidos a iluminar mi senda y aclarar mis dudas, Ten piedad de mí, infúndeme la fe y guía mi camino.

Amén

Algunos consejos prácticos para establecer límites

Cerramos este capítulo con algunos consejos prácticos sobre cómo gestionar los horarios de los adolescentes, permisos, fiestas y dinero.

El principio es el de guiarlos al ejercicio de su libertad con base en la responsabilidad. Este binomio libertad-responsabilidad nos parece la brújula más certera para enfocar todo esfuerzo.

Al definirle un horario de tareas o de regreso a casa, debemos tomar en cuenta el equilibrio en las actividades y el objetivo de que sea un ser humano íntegro. Se debe añadir el deporte y respetar los momentos de vida familiar, vida social, escolaridad, voluntariado y servicio religioso. No todo debe ser la fiesta, ni todo la escuela, sino un balance de todas las facultades reflejadas en un horario.

En la medida en que vaya respondiendo con responsabilidad a la libertad dada, se le va soltando poco a poco. En cuanto traicione la confianza, se le puede denegar algún permiso, pero, al mismo tiempo, abrirle la posibilidad a que se rehaga y recupere la confianza.

Darle un horario específico para regresar a casa es fundamental. Esperarlo de las fiestas o incluso ir por él es muy aconsejable. Debe sentir nuestra presencia, vigilancia y acompañamiento, todo desde el cariño y la responsabilidad. En esta línea, no se debe otorgar permisos fácilmente para dormir fuera de casa, a menos que se conozca muy bien a las personas que lo van a cuidar y recibir.

Dígase lo mismo de las fiestas. Se debe conocer, en la medida de lo posible, el entorno en el que se están moviendo, así como si van a ofrecer alcohol, el tipo de gente que va a acudir y, sin querer ser un detective, saber el motivo de la fiesta. No es lo mismo una fiesta de despedida que "la fiesta de champaña". Recuerdo que una mamá dejó que su hija acudiera a una fiesta con dicho nombre pensando que era sólo para conmemorar la revolución francesa celebrada ese mes. Por tanto, asegurémonos de la naturaleza y entorno de cada fiesta a la que acuden nuestros hijos.

Es importante asegurar el tema del transporte y de los cambios de planes. Es bueno pedirles que nos informen cómo llegarán y se irán de los lugares, además de que pidan permiso si hay un cambio de planes o se moverán de fiesta, por ejemplo.

Sobre el dinero, ya apuntamos la importancia de que se lo ganen ellos con trabajo en casa, con buenas notas o con algún sistema de puntuación que pueda ayudar a que valoren lo que cuestan las cosas. Es bueno manejar mesadas y no salirse de ese monto con facilidad. De ese modo, aprenderán a administrarse, a no ser arrogantes y materialistas. Se les pueden dar algunos pesos extras por sus cumpleaños o por navidades y, asimismo, pedirle al resto de los familiares que los mantengan a raya en este tema. A veces darle a un adolescente más dinero del necesario es introducirlo en peligros inútilmente.

Por último, sería extraordinario enseñarles a invertir, ahorrar y proyectar sus bienes con inteligencia y amplitud de miras. De igual modo, es muy aconsejable mostrarles la belleza de la caridad y la donación a los más necesitados.

El ADN del formador de adolescentes

Hemos expuesto cómo es el adolescente por fuera y por dentro. También nos hemos adentrado en el nuevo mundo de las redes sociales, y en el capítulo anterior sugerimos campos y modos de formar al adolescente. Ahora, en este último capítulo queremos analizarnos como formadores de adolescentes, qué cualidades y destrezas personales requerimos para afrontar este reto de educar.

Antes de saber el destino y el ideal, necesitamos identificar dónde estamos parados y cómo nos perciben ellos. Este ejercicio de escucha nos parece fundamental para ubicarnos en su realidad y en la nuestra, para comprender sus inquietudes y hacernos un profundo examen de conciencia en nuestro rol de formadores.

A continuación se presenta una serie de respuestas que adolescentes mexicanos nos dieron sobre la visión que tienen de sus padres.

¿En qué te da mal ejemplo tu papá?

- "En vivir en cierta forma, de una manera negativa y no gozar la vida. No está alegre, se amarga bien fácil y de vez en cuando toma en exceso y así sí se pone alegre."

- "A veces me dan más de lo que merezco."

- "En la falta de paciencia que tiene con mi mamá; a veces se desquita con ella, razona de una manera muy ilógica y no entiende a mi mamá."

- "En que no es muy fiel a la religión."

- "Mi papá me da un mal ejemplo al ser tan bueno, o sea, está bien que sea buena onda, pero es muy pasivo con mis hermanos chiquitos."

- "Es mentiroso, enojón, sangrón, trabaja exageradamente y como que prefiere trabajar a estar con nosotros."

- "Mi papá es mal administrador y se conforma con poco."

¿Crees que te entienden tus padres? ¿Por qué?

- "No, porque, después de un problema que hubo en la casa, mi papá llegaba siempre de genio y yo me empecé a alejar de ellos, y hasta el momento no me he podido acercar nuevamente como antes. Quizá ellos pensaron que me alejé para no ayudar en ese problema. Además, como mis otros hermanos tienen un punto de vista diferente, todo se complica siempre y hay problemas."

- "Solo algunas veces, porque, aunque les exponga la situación, ellos creen saber cómo pasó todo y, aunque estén equivocados, ellos creen tener la razón, descartando todo lo que yo diga."

¿Cuáles son los defectos de tu mamá?

- Es un poco enojona, pero yo la entiendo. Creo que ése es el único defecto que tiene. Ella para mí es la mamá perfecta."
- "Su carácter es muy acertado, pero en ocasiones es muy impulsiva."
- "Que se pone histérica cuando hago algo que no le parece y grita mucho; es lo que me hace enojar."
- "Que a veces es muy impaciente."
- "Ser muy flexible en los castigos: nos los pone y después no los cumple."
- "Siempre anda muy atareada, como es muy nerviosa; hay veces que no me comprende algunas cosas. En cambio, mi papá sí me entiende más."
- "Que muchas veces no nos cumple los castigos que nos pone."
- "Es muy nerviosa; cuando salgo de noche siempre se queda despierta hasta que regreso y, si ve que me tardo un poco más de la hora en que había quedado, me sale a buscar. Yo creo que sí es un defecto, porque hay que saber controlar los nervios. Otro es que es muy gritona; cuando se enoja mucho, grita tanto que hasta podría despertar a un muerto, y ese sí que es defecto, porque, bien dice el dicho, 'Hablando se entiende la gente'."
- "Ella no me exige mucho en la escuela y yo creo que tiene defectos. A mí me gusta tal y como es; no la cambiaría por ninguna otra mamá, aunque se pudiera."

- "Fuma mucho y es muy dormilona, pero lo desquita con el trabajo; fuera de eso, yo pienso que el único defecto de mi mamá."
- "Que es muy exagerada, se preocupa demasiado y no debe ser así, porque un joven es capaz de cuidarse solo en algunas ocasiones; piensa que todavía soy un niño y que no puedo hacerme cargo de mis problemas."
- "Trabaja demasiado, casi por impulso, pero nunca se olvida de nosotros."

¿Qué le pedirías a tu papá para que fuera mejor padre?

- "Más paciencia."
- "Que fuera más comprensivo y más abierto; conmigo él es una persona dura y cerrada, yo quisiera platicar con él. Que fuera más positivo; es una persona con muchos problemas y muchas ocupaciones. Quisiera que se acercara más a Dios y cambiara su carácter."
- "Yo creo que le pediría pocas cosas, como, por ejemplo, que me exigiera un poco más en la cuestión de la escuela y del hogar."
- "A mí me gustaría que mi papá fuera mejor, que jugara conmigo, que fuera más flexible y que llevara su vida espiritual más fuerte, porque casi no comulga en misa."
- "Que se pusiera en mi lugar, que pensara como si fuera yo, que separara el trabajo de la casa, que

cuando esté en la oficina se concentre en su trabajo y cuando esté en la casa se olvide de los problemas del trabajo y del celular, que no se olvide nunca de que todos cometemos errores y que siempre hay una forma de resolverlos, que no nos quiera enseñar algo si él no lo sabe o no lo hace, que si exige respeto, respete a los demás y no sólo por ser mi padre quiera que yo lo respete si antes no se lo ha ganado. Que cumpla lo que promete y no por un error que tienes todo lo que ya habías ganado lo pierdas, que entienda que no todo con castigos se soluciona, que a lo mejor es peor, que se dé cuenta de tu esfuerzo o que lo demuestre, porque eso te ayuda a seguir adelante y no sólo cuando haya algo mal; que si algún día te pide algo y tú no quieres, o no puedes, no te diga: 'Te vas a acordar luego, a ver quién necesita primero de quién, ¿eh?'; que no sea tan codo."

- "Yo le pediría a mi papá más comprensión, puesto que estamos en una época muy difícil de nuestra vida; confianza, mucha más confianza, porque sí le he fallado, pero pienso que merezco más oportunidades. Cariño, debido a su trabajo que es rutinario, los sábados y domingos que me gustaría ir de pesca o de cacería; él esos días solamente los ocupa para descansar."

- "Yo le pediría que me enseñara algo de lo que hace, o sea, de su rutina. Por ejemplo: mi papá tiene la costumbre de ir a tirar con rifles, pero se va con sus amigos. A mí me gustaría mucho que me llevara algún día para que me enseñara y para ver cómo es el ambiente."

- "Un poco más de atención, porque siempre que, por ejemplo, me dice de mis estudios, se enoja, y yo quiero hablar de mis estudios, pero no quiero que nos enojemos. Que no sea tan terco con las cosas. Que al momento de hablar no se irrite, porque es muy mala onda eso. Que nos enseñe a estar juntos porque, si él se molesta cuando estamos los dos, pues obvio voy a preferir salir con mis amigos a estar con él. Que se fije también en mi esfuerzo y no sólo en las calificaciones o en lo que cuesta la colegiatura; ahora él siempre está que mis calificaciones, que las clases, que no sé qué, y no me pregunta cómo estoy yo."

- "Todo me da mi papá, pero lo que le falta es cariño y un poco de *hobbies*, como tener motos, una lancha para esquiar, etcétera; lo podría tener, pero no le gusta pasar ese tiempo con nosotros."

- "Nada más que fuera un poco más ordenado."

- "Que hablara con tiempo y sin soñar tanto; que sepa prever, y en general que no suba a las estrellas o al menos que deje los pies en la tierra muy bien plantados."

¿En qué te da ejemplo tu papá?

- "En ser esposo; él me demuestra cómo ser fiel a mi mamá, nunca ha insultado o dicho albures de otra mujer o algo por el estilo."

- "En su trabajo, pues siempre todo lo que hace lo hace bien, no deja nada a medias y nunca falta dinero. Él trata de seguir un camino cristiano y siempre está cerca de Dios. Es muy pasivo y tranquilo; cuando tiene problemas, siempre piensa qué hacer antes de enojarse."
- "En que es muy deportista y que no tiene ningún vicio."
- "Mi papá me da ejemplo en muchas cosas, como:
  - trato a la demás gente.
  - forma de educar a sus hijos (mis hermanos).
  - trabaja todos los días con mucha profesionalidad.
  - es discreto.
  - piensa las cosas antes de hacerlas.
  - es buen amigo.
  - todo lo que hace, trata de hacerlo lo mejor que se puede.
  - le da su lugar a cada persona.
  - es muy sincero, directo y nunca se anda con rodeos."

Tras escuchar a nuestros adolescentes, podemos concluir que existen ciertas condiciones fundamentales para formar y amar. Todas las necesidades que ellos expresan pueden atajarse en cuatro que desarrollamos a continuación.

Las cuatro virtudes básicas

Paciencia

Suele suceder que los hijos llegan a la adolescencia en una edad en la que los papás están un tanto irritables: papá, está en la cumbre de su vida profesional, muy cerca de los 40 años, y las presiones profesionales lo tienen tenso y absorto; mamá, en cambio, puede estar pasando por la menopausia, con sus repercusiones psíquicas correspondientes. Si además se suma la incompetencia del hijo en el colegio, constantes groserías en casa y encima no cuenta nada, responde con monosílabos, regresa muy tarde, vive escondido tras el internet, reacciona con malos modales ante el interés de los padres, descuida su atuendo personal e impide cualquier acercamiento, entonces tenemos los elementos necesarios para que explote una bomba en casa.

Así, 99% de las ocasiones nuestro enojo estará justificado, pero en el 99% de los casos no se obtendrá nada con salirse de las casillas. Lo único que se logra con esto es afianzarle su papel de rebelde y su rol de adolescente víctima. El enojo aísla y la irritación colapsa cualquier comunicación.

El adolescente nos toma la medida cada vez que perdemos los estribos, y con ello ejerce una curiosa forma de control con la que puede seguir justificando su comportamiento bajo el pretexto de ser el *incomprendido*, el *regañado*, el *golpeado*.

Debemos procurar que nuestros gritos o llamadas de atención sean:

- Contenidos.
- Racionales.
- Formativos.
- Vacíos de rencor y venganza.

No podemos ser bestias desatadas en furia, porque haremos el ridículo absoluto y el mensaje que pretendíamos dar quedará ensombrecido por la reacción iracunda y desproporcionada. Debemos dar un mensaje argumentado y racional, basado en la justicia, el cariño y sobre todo en el crecimiento del adolescente; no puede ser captado como un coraje, ni como un mero capricho sin sentido.

Es necesario que contenga un objetivo formativo; su alcance no puede ser momentáneo o pasajero. El mensaje debe sembrarse para ser cosechado más adelante; el ideal es que permee sus actitudes y convicciones más profundas.

Por último y quizá más complicado de lograr, debemos esperar a estar tranquilos, serenos y apaciguados. Si descubro que mis palabras están guiadas por el rencor o surgen del puro coraje o la sed de venganza, entonces es mejor esperar. Sabemos que hay situaciones críticas, como el choque de un coche, una indigestión alcohólica, una boleta vergonzosa, una grosería indecente y un penoso largo, etcétera, pero incluso en situaciones como éstas tenemos que elegir bien nuestro mejor momento y el suyo para afrontar, corregir y formar. De situaciones adversas es de donde provienen las lecciones más duraderas. No desperdiciemos la oportunidad dejándonos llevar por la pasión. Por ello, tengamos paciencia.

También se requiere este valor para elegir los frentes más urgentes a atacar. Como papás, quisiéramos que nuestro adolescente ya fuera perfecto y no nos causara problemas; por eso, le damos una larga lista de requerimientos pidiéndole que:

- Se siente bien.
- Se vista bien.
- Baje el volumen.
- Salude a las visitas.
- Sea puntual.
- No use tanto su celular y su computadora.
- Cierre las puertas.
- Sea breve en el teléfono.
- Baje los pies de la mesa, apague la tele, se peine, tire esa falda y no mastique así el chicle.

Entonces, si mamá y papá mañana, tarde y noche le dan toda esta información, el resultado más esperado será el bloqueo y el desinterés por escuchar los consejos fundamentales que sí queremos pongan en práctica urgentemente. La sugerencia es que se planeen bien una o dos sesiones a la semana y que se insista en uno o dos puntos concretos y no en veinticinco.

En dichas sesiones será fundamental esforzarse por brindar los argumentos que están detrás de cada orden.

Así, es recomendable empezar preguntando cómo se siente él o ella, si quiere decirles algo a ustedes, además de saber llegar a acuerdos en donde quede en evidencia que el último objetivo es su crecimiento personal y el único motor es el cariño que le tienen. Ahondaremos un poco más en nuestra siguiente sección.

Comunicación

Alguna vez un padre que trabajaba en el gobierno nos dijo: "es increíble: puedo dirigir y comunicarme con la mitad del país y lo hago bien; sin embargo, no logro ni moverle una pestaña a mi hijo". Muchas mamás también han venido a quejarse por los azotones de puertas que reciben al intentar hablar con sus hijas. La comunicación es quizá el mayor reto cuando tienes que transmitirle un mensaje, saludar o simplemente entablar una conversación con un adolescente.

Queremos seguir animándolos a que continúen en el intento de comunicarse con ellos. El fenómeno ya antes explicado del abandono del nido es quizá uno de los mayores obstáculos para que nuestros adolescentes quieran hablar con nosotros.

Hay que reconocer que nos ven por un lado fuera de su época y de su realidad y como invasores a su intimidad, así como un obstáculo al ejercicio de su propia libertad. Nadie ha dicho que tirar estos escudos protectores con los cuales visten su armadura iba a ser fácil. Pero sin duda solemos cometer algunos errores en la comunicación, que ahora queremos enumerar: somos policías, detectives, inquisidores o como los entrevistadores de televisión al preguntarles cómo fue su día o con quién salieron ayer. Acá un testimonio de un adolescente sobre este tema: "Es inaguantable escuchar los rollos y las interminables preguntas que me fórmula mi mamá. ¿A dónde fuiste, por qué fuiste ahí, quiénes estuvieron, cuántos vasos había en la mesa?... y hasta el color de las paredes del salón. Prefiero cerrar la puerta y *please* esconderme en mi tableta todo el día".

Invadimos sin empatía y tacto, eso es lo que nos pasa. Obvio es justificable y necesario obtener cierta información, pero en el pedir está el dar. Tenemos que usar mejores estrategias y preguntas más asertivas para abrir en ellos ese canal de comunicación que necesitan tener con nosotros.

También solemos dar lecciones o cantaletas. Entendamos por "lecciones" usar oraciones de más de siete palabras o que inician con frases como: "ahora me vas a escuchar, cuando tenía yo tu edad, déjame decirte algo y me vas a escuchar, no nací ayer, sabes estaba pensando que tú no estás bien…".

Otro error continuo es el de compararles con nuestra infancia, y mucho más grave es expresarlo de esta forma: "En mi época…", "a mí nunca se me hubiera ocurrido…", "hubiese sido impensable para mis papás tener…" y "un hijo como tú…".

Hay que asumir que ésta ya es otra cultura, que son otras las costumbres, que tu hijo tiene una psicología diversa, unas vivencias diferentes y un plan totalmente único.

Por tanto, añadimos algunos consejos:

- Jamás escandalizarnos o al menos no manifestarlo
con un rostro desencajado, preocupado o asustado.
El ambiente hostil en el que viven nuestros hijos
los ha acostumbrado a ver y escuchar experiencias
muy rudas. En nuestros tiempos, efectivamente no
era así. Pero escandalizarnos provocará que exista
una gran distancia entre ellos y nosotros y que den
testimonios como éste:

  "Mi mamá es como de la edad media. Yo creo
que en su época no había televisión, iban a la playa
en falda y los hombres la llevaban en caballo a sus
palacios. Neta, nomás no agarra la onda. Es imposible hablar con ella sin que termine gritándome,
regañándome o insultando a mis amigos. Yo qué
culpa tengo, o sea."

- No dar de inmediato la respuesta correcta sobre lo
que nosotros pensamos. Ayudarles a reflexionar y
formular las preguntas inteligentes que abran su
caja. Esto es fundamental para que crezcan con
convicciones y no en el deber. Es imposible ponerles un policía en cada ciudad a la que vayan o
ponerles un filtro en cada uno de sus dispositivos
y el de sus amigos. Sólo las convicciones sembra-
das quedarán para siempre. Éstas se van forjando
en esta edad. Cuando se ve con claridad en la inteligencia el bien, se experimenta con la voluntad y se
retiene en la memoria como una vivencia toda mía,
interior y profundamente personal.

- Escuchar significa abrirse de verdad a lo que estoy escuchando en ellos. De inmediato por su sensibilidad se dan cuenta cuando solamente están siendo oídos y cuando de verdad están siendo escuchados. Para que ellos crucen el puente de la vulnerabilidad, nosotros tenemos que trazarles uno de empatía y de auténtica escucha.

Continuamente esto consistirá en escuchar historias interminables sobre cosas muy periféricas o poco interesantes para ti, pero vitales para ellos. Escuchar con atención sus intereses, su música, la narración de sus partidos y los *hobbys* aburridos que pueden llegar a tener son las únicas puertas que un día abrirán el canal para que ellos nos comuniquen sus problemas, dudas, sueños, miedos, inquietudes y temas incómodos.

Las redes sociales aparentemente les dan espacio para escuchar sus tonterías o adolescentadas, pero ellas no provocan un auténtico encuentro. Sólo la comunicación con alguien que te quiere y cara a cara, en la mesa o un buen paseo en el bosque, el *mall*, la lancha o el sofá, puedes tener un encuentro.

- Conocer su mundo: es vital entrar a su cancha, tener los pies sobre su tierra, vivir en su planeta. No es periférico saber el equipo favorito de tu hijo, la canción que le vuelve loca a tu hija, el libro preferido, el *hobby* del momento, su miedo más grande o su mayor sueño. Ésta es la que los psicólogos llaman *escucha empática*, que es ponerse en sus pantalones, partir desde su mentalidad y arrancar el camino desde su corazón. Para ello hay que vivir ahí.

- Respetar sus sentimientos y escucharlos desde ahí: Cuidar el volumen en las conversaciones, ser sensibles a los temas volubles y cuidar las expresiones hirientes. Jamás hay que interrumpirlos o frenar sus lágrimas.

- La comunicación no verbal: saber expresar el cariño, la cercanía, el interés y los lazos que se quieren establecer también de modo físico. Hay abrazos insustituibles, miradas penetrantes, gestos de aprobación o de rechazo únicos e inspiradores para nuestros hijos y adolescentes.

- Seguir intentando: la perseverancia es básica en este rubro. Cuando se haya cerrado el canal, no dejar de intentar abrir otro, pero al mismo tiempo saber respetar los espacios de intimidad que necesitan ellos. Es un arte saber poner tierra de por medio; en momentos saber volver, insistir, y otras veces permitir y hasta dejar que cometan errores y entender los tiempos para intervenir.

Autoridad

A las reglas amables y estables, se les llama *costumbres* y cuando éstas son repetidas se les nombra virtudes, que son las que hacen lucir los edificios de vidas exitosas y felices.

Es tarea del formador instaurar pocas pero buenas costumbres en el ambiente adolescente. Como dice Ray

Guarendi, hay que poner más autoridad y menos disciplina o, dicho de otro modo, más inspiración y menos coerción u obligación.

La autoridad debe promover la autonomía. Hemos dicho anteriormente que los hijos no son los padres en el sentido de propiedad, aunque sí en el sentido de responsabilidad; por ello, es necesario que los padres manden y sepan mandar, pero no al modo del ejército, sino favoreciendo el uso responsable de la libertad.

Hay que formar a los hijos en la libertad, para que hagan las cosas porque quieren, que pierdan el miedo a obedecer: que no piensen que obedeciendo vuelven a la infancia, porque ahora obedecen racionalmente, porque quieren hacerlo.

Sugerimos no dar al hijo las órdenes detalladas. Aunque en algún caso sí convenga, en la mayoría de las ocasiones hay que dar el criterio, las bases, y después dejar que cada uno decida. Puedes decir, por ejemplo, "Te sugiero que te regreses el miércoles, a más tardar el jueves", "Procura no gastar más de 100 pesos" y "Ve cuando quieras, aunque a tu mamá y a mí nos gustaría que no fueras mañana".

Hay tres tipos de padres: permisivo, autoritario y autorizado. El permisivo busca mostrar la aceptación y transmitir el mayor aliento posible, pero tiende a ser muy pasivo cuando se trata de fijar líneas o de responder con energía ante las desobediencias o groserías. No imponen exigencias fuertes ni tienen metas claras para sus hijos, pues creen que se les debería permitir un desarrollo conforme a sus inclinaciones naturales.

Los padres autoritarios dirigen el hogar en la estructura y la tradición en donde el excesivo orden se vuelve una carga para los hijos. Los niños de familias autoritarias tienden a ser tímidos, se asustan, tienen bajos niveles de autoestima y no saben confiar en los demás.

Los padres autorizados equilibran, ponen límites claros con un ambiente estimulante en el hogar. Ofrecen orientaciones, pero no ejercen un control y dan explicaciones para cada cosa que hacen, permitiendo a los niños contribuir en la toma de decisiones importantes. Ellos valoran la independencia de sus hijos, pero los comprometen dándole responsabilidades en la familia, entre los amigos y con la comunidad. Se alienta y elogia a la competencia. Generan confianza en los hijos; los hacen independientes, imaginativos, adaptables, simpáticos y con grados elevados de inteligencia emocional.

Algunos hijos crecen gracias a sus padres; otros, sin ellos, y unos más, a pesar de ellos. La diferencia la hacen el cariño y la autoridad.

La palabra autoridad a veces ha sido malinterpretada como autoritarismo, abuso o control exagerado. Hoy por hoy, es impopular el padre de familia, maestro o formador que exige y lleva al límite de su capacidad, empujando al sacrificio y a la donación total a un adolescente. Nos parece inhumano, medieval e injusto que se le pida a un joven ir por encima de su comunidad y llevar al máximo todas sus capacidades, aun a pesar de que le implique sacrificio.

Muchos psicólogos modernos afirman la bondad de usar los sentimientos de vergüenza y culpa que nacen en los niños por naturales circunstancias como un motor de mejoría y crecimiento personal; aquí cuatro efectos:

1. *El miedo al castigo:* genera en el niño o niña un alejamiento de lo que se le ha dicho está mal; de ese modo abraza el bien con mayor energía. Es importante que no se mal interprete que dicha pedagogía está basada en el miedo; sólo se trata de aprovechar los sentimientos que naturalmente y por muchas circunstancias ellos van a experimentar.
2. *La angustia respecto a la desaprobación social:* este sentimiento tan presente en los adolescentes también puede servir para hacerlos reflexionar en la necesidad de tomar decisiones correctas y no ser etiquetados, enjuiciados o separados del ambiente social por sus erróneas elecciones.
3. *La culpa experimentada al no cumplir sus propias expectativas:* este sentimiento desafía a un adolescente para dar lo mejor de sí, equilibrar y medir mejor su expectativa.
4. *La vergüenza y turbación al ser descubiertos haciendo algo inaceptable:* se da mucho este sentimiento cuando se les sorprende robando o han hecho el ridículo tras haberse emborrachado, por ejemplo. Recuerdo un chico que decía: "No voy a tomar de nuevo en mi vida. Tan sólo con ver en video las tonterías que hice me apeno y me hago prometer con toda mi energía que nunca más me verán así".

Quisiéramos dejar también ocho estrategias para ejercer la autoridad que ellos esperan, para gobernar y a llamar a sus adolescentes también desde la exigencia:

1. Establecer reglas y límites claros, y atenerse a ellos.
2. Darle a los hijos advertencias cuando comienzan a comportarse mal.
3. Definir el comportamiento positivo, reforzando la nueva conducta con elogios.
4. Educar a los hijos conforme a expectativas propias.
5. Prevenir los problemas antes de que sucedan.
6. Aplicar un castigo adecuado cuando una norma se viola.
7. Cuando un castigo es necesario, asegurarse de que guarde relación con la infracción.
8. Sentirse cómodo con un conjunto de técnicas disciplinarias: reprender consecuencias naturales, quitar un privilegio y un sistema de puntaje.

Cariño

Muchas veces hemos explicado en cursos a padres de familia urgidos de aprender psicología o pedagogía, que para educar mejor a sus hijos la mejor regla es el cariño; se puede tener el mejor libro y los mejores consejos, pero, si no hay amor, todo sobra porque todo falta.

> La fórmula es: $E = T + A$
>
> E = **Educación**. Toda la instrucción que se ha buscado dar en este libro.

T = Tiempo. Hay que invertir en espacios y circunstancias donde aplicar todo lo aprendido.

A = Amor. Si no tengo amor nada soy.

Todos sabemos que para desarrollarse, un niño necesita la dedicación sacrificada e irracional de uno o más adultos que le cuiden y comparten su vida con él. Y si nos preguntaran qué entendemos por *dedicación irracional,* tenemos que responder que "tiene que haber alguien que esté loco por él", siguiendo a los estudiosos del tema.

Durante su vida, el adolescente va a interactuar con muchísima gente; muchos hombres y mujeres estarán alrededor suyo. Algunos le prometerán amor eterno y le dirán que siempre permanecerán a su lado. Sin embargo, sólo sus padres y muy contados formadores lo querrán pase lo que pase y bajo cualquier circunstancia.

El amor es nuestra carta fuerte frente a los adolescentes. Ellos sólo pueden crecer en la confianza y cariño paterno y materno. Si han perdido alguna de estas dos figuras, es urgente que las recuperen o alguien las supla. La figura masculina da seguridad, proyecto, visión realista, y les hace caminar con tranquilidad a mujeres y varones. La figura femenina los inspira a la donación desinteresada, despierta la parte más humana de ellos; abre el canal de la comunicación, la ternura y el cariño; equilibra las relaciones; incita a soñar, y les introduce a los mundos que deben ir afrontando. La figura femenina, en resumen, da vida. La dio una vez desde su vientre y continúa dándola ahora.

Los adolescentes desarrollan una sensibilidad muy sutil al cariño y la justicia. Ellos pueden *oler* el cariño genuino y sincero de alguien, o si el motor es el mero interés o el puro deber. Su modo de percibirlo es el de la manifestación verbal, acompañada de detalles, signos fuertes y preciosas caricias.

Una vez un adolescente de 15 años sintió lo que sus papás habían hecho ese verano por él y tomando el dinero de su primer sueldo, ¡del primero!, le compró a su papá la tableta de la cual había hablado durante muchas cenas. Es muy claro cómo los jóvenes pueden sacar lo mejor de sí cuando reciben el cariño.

Otro recuerdo es el de aquella mamá que, al no encontrar un *coach* de basquetbol para el nuevo equipo de su hijo, se puso al cuello el silbato, sacó su gorra del armario y repasando algo del reglamento en una enciclopedia se presentó en el entrenamiento para que el equipo de su hijo no fuera eliminado del torneo.

El amor efectivamente, todo lo puede y todo lo alcanza. Es el motivo por el cual un papá se sacrifica desvelándose hasta que Andy llega de la fiesta, una mamá se traga pacientemente los aspavientos hasta esperar el mejor momento para corregir; es la razón por la cual Adriana perdona una y otra vez los arranques y groserías de su hija, y al mismo tiempo es el amor lo que la hace encontrar el modo de revertir esa situación, regañando, castigando, hablando o callando… Todas las manifestaciones de un amor que parece que nunca acaba, nunca se seca, nunca dice "es suficiente", "ya basta"…

La espiritualidad del padre de familia del adolescente

La caridad es longánima, es benigna;
no es envidiosa, no es jactanciosa, no se hincha;
no es descortés, no busca lo suyo, no se irrita,
no piensa mal; no se alegra de la injusticia,
se complace en la verdad; todo lo excusa,
todo lo cree, todo lo espera, todo lo tolera. La caridad
jamás decae; las profecías desaparecen, las lenguas
cesarán, la ciencia se desvanecerá.

Primer epístola a los corintios 1, 13

La tradición judeocristiana compara el amor de un padre o de una madre hacia su hijo como el más grande de los amores, haciendo el parangón con el amor que Dios padre nos tiene. Es muy interesante pensar que papá y mamá en esta tierra (y todos los que de algún modo ejercen una paternidad o maternidad) son un reflejo del amor que Dios les tiene a estos chicos. Somos signo, reflejo y embajadores de un amor divino, de un amor con esas características de la carta a los corintios.

En este libro hemos intentado develar quién es el adolescente y ahora buscamos cerrar diciendo quién es el formador, el padre, la madre…

No se es formador sin amor, o sin ser signo del amor más grande, no se es padre o madre sin la conciencia de estar participando de la misión continuamente creadora de Dios.

La espiritualidad del padre de familia se enraíza aquí: "me amó y se entregó por mí".

Es muy difícil mostrar el amor de Dios a los chicos huérfanos o al menos con padres y madres ausentes. Es titánico abrir el corazón de quien no ha experimentado este amor de entrega por parte de sus padres. Probablemente, como alguna niña un día nos dijo: "mis papás lo único que me han dado es dinero, y es lo que menos necesito". Ellos han crecido con el chofer, con la nana, con la abuela o con el policía de su privada... Y justo por eso no han crecido, porque, una vez más hay que decirlo, un adolescente crece en el cariño paterno y materno.

El amor y la entrega que se desprende de ese amor vivifican la labor con nuestros adolescentes. Esa locura por ellos, que mencionábamos antes, se nutre de una fuente viva en nuestro interior, una fuerza que nos empuja a seguir amando a pesar de su rechazo y a no darnos jamás por vencidos en esta heroica vocación.

La espiritualidad del padre de familia abraza también la realidad de ser cooperador en la creación. Dios creó al hombre y a la mujer, pero, al regalarles la posibilidad de ser fecundos (*Génesis*, 2), nos hizo participes de su paternidad y maternidad. Sembramos creación y en el vientre se gesta una vida nueva. La educación de un hijo o una hija es una cooperación directa en la nueva creación, esa que se va edificando con el sí generoso de almas libres que aceptan ser instrumentos de quien es amor y padre y madre.

Por último, mencionamos la parábola del hijo prodigo como un modelo de incondicionalidad y gratuidad en el amor (*Lucas* 15, 12 a 24).

Un padre tenía dos hijos. El menor de ellos dijo al padre: "Padre, dame la parte de la hacienda que me corresponde." Y él les repartió la hacienda.

Pocos días después, el hijo menor lo reunió todo y se marchó a un país lejano, donde malgastó su hacienda viviendo como un libertino.

Cuando se lo había gastado todo, sobrevino un hambre extrema en aquel país y comenzó a pasar necesidad.

Entonces fue y se ajustó con uno de los ciudadanos de aquel país, que le envió a sus fincas a apacentar puercos.

Y deseaba llenar su vientre con las algarrobas que comían los puercos, pues nadie le daba nada.

Y entrando en sí mismo, dijo: "¡Cuántos jornaleros de mi padre tienen pan en abundancia, mientras que yo aquí me muero de hambre! Me levantaré, iré a mi padre y le diré: Padre, pequé contra el cielo y ante ti. Ya no merezco ser llamado hijo tuyo, trátame como a uno de tus jornaleros."

Y, levantándose, partió hacia su padre. Estando él todavía lejos, vio su padre y, conmovido, corrió, se echó a su cuello y le besó efusivamente.

El hijo le dijo: "Padre, pequé contra el cielo y ante ti; ya no merezco ser llamado hijo tuyo".

Pero el padre dijo a sus siervos: "Daos prisa; traed el mejor vestido y vestidle, ponedle un anillo en la mano y unas sandalias en los pies. Traed el novillo cebado, matadlo, y comamos y celebremos una fiesta, porque este hijo mío había muerto y ha vuelto a la vida; se había perdido y ha sido hallado." Y comenzaron la fiesta.

Un padre espera siempre el regreso de su hijo, no importa cuánto haya pecado, lo que se haya equivocado o cuánto ha derrochado; el padre y la madre se sienten incompletos sin sus hijos, quienes son carne de su carne. No es fácil perdonar los errores de nuestros hijos, pero es aún más difícil sufrir su abandono, la distancia y el olvido. Su presencia en nuestra vida es un don para ambas partes: sin nosotros, ellos se pierden; sin ellos, nosotros somos contradicción.

Fuimos hechos para dar vida, conservarla, hacerla crecer y madurar. Sus arranques, niñerías y errores son espacios que nos brindan para amar con las características de este padre: gratuidad e incondicionalidad.

A nuestros adolescentes no les amamos por sus méritos, sus virtudes o sus cualidades; si fuese así, hace tiempo hubiésemos tirado la toalla. A ellos se les ama por lo que son: hijos amados, criaturas predilectas. Nuestro amor por ellos está siempre asegurado y esto les brinda una solidez tremenda al saber que hagan lo que hagan ahí estaremos para recibir, perdonar, amar, corregir y guiar. Y aunque ellos nos abandonen nosotros, jamás lo haremos.

La tarea en la adolescencia es la de descubrir y afianzar la propia identidad, sin ésta es fácil comprar otra identidad en el mercado de la droga, de la prostitución, del materialismo, de la vanidad. Sólo los padres dan la identidad de hijo o de hija; sólo los formadores dan la seguridad de saber que se es amado o amada, y que no tengan que competir por ese amor, aparentar ser rudos, venderse al mejor postor, adquirir muchas cosas o varios títulos para saber quiénes son.

¡¡¡ADOLESCENTE TÚ ERES, PORQUE VIENES DE QUIEN ES!!!

Por eso dejamos, con enorme respeto a todo tipo de credos, esta oración al padre de todo adolescente y aquél que los conoce desde el seno de su madre:

Señor, tú que me diste el regalo más grande
al permitirme dar vida,
ilumina mi mente y ensancha mi corazón,
abre mis oídos y pon tus palabras en mi boca
para que seas tú en mí quien eduque a mis hijos.
Pero, sobre todo, te pido Señor
que pongas tu corazón en mi corazón
para que los ame como tú los amas
y los pueda formar como la Virgen lo hizo contigo
en la carpintería de Nazaret.

Dame paciencia ante sus debilidades,
misericordia cuando caen,
fortaleza cuando me necesitan,
comprensión cuando lloran,
alegría cuando ríen
y fe como la herencia más grande
que puedo dejarles en la cuna de su alma.

Amén

Bibliografía

Castillo, Gerardo, *Los adolescentes y sus problemas*, Pamplona, EUNSA, 1984.

_____, *Tus hijos adolescentes*, Madrid, Editorial Palabra, 1992.

Corominas, Fernado, *Cómo educar la voluntad*, Madrid, Editorial Palabra, 2014.

Debesse, Maurice, *La adolescencia*, Barcelona, Oiokos-Tau, 1977.

Faw, Terry, *Psicologia do desenvolvimento: infância e adolescência*, São Paulo, Makron, 1981.

Fernández Cáceres, Carmen, *Violencia familiar y adicciones, recomendaciones preventiva*s, Editorial Auroch/Centro de Integración Juvenil, México, 2010.

Kentenich, José, *Mi filosofía de la educación*, Santiago, Editorial Schoenstatt, 1985.

Kolodny, Robert, y otros, *Cómo sobrevivir la adolescencia de su adolescente*, Buenos Aires, Javier Vergara Editores, 1992.

Martín Descalzo, José Luis, *Razones desde la otra orilla*, Madrid, Sociedad de educación de Atenas, 1991.

_____, *Razones para la esperanza*, Madrid, Sociedad de educación de Atenas, 1991.

National Institute on Drug Abuse, *DrugFacts: La marihuana* [en línea], disponible en <https://www.drugabuse.gov/es/publicaciones/drugfacts/la-marihuana>

Urteaga, Jesús, *Dios y la familia*, Madrid, Editorial Palabra, 2009.

Adolescencia:
DESAFÍO EN LAS REDES

Este libro se terminó de imprimir en septiembre de 2016
en los talleres de Impresora y Editora Xalco, S.A. de C.V.
www.grupocorme.com
Tel. (55) 5784-6177